LES VISAGES DE L'AIR

ALBERTO RUY-SÁNCHEZ

LES VISAGES DE L'AIR

roman

Traduit de l'espagnol (Mexique)
par Gabriel Iaculli

ÉDITIONS DU
ROCHER
Jean-Paul Bertrand

Titre original : *Los nombres del aire.*

Les calligraphies de la présente édition sont extraites de *Le Passant d'Orphalese*, paru aux éditions Alternatives en 1991, et sont reproduites avec l'aimable autorisation de Hassan Massoudy.

ISBN 2 268 027 945

À Margarita,
dans la complicité du labyrinthe.

Puis il songeait que chaque créature humaine entre sans le savoir dans les rêves amoureux de ceux qui la croisent ou l'entourent, et qu'en dépit, d'une part, de l'obscurité ou de la pénurie, de l'âge ou de la laideur de celui qui désire, de l'autre, de la timidité ou de la pudeur de l'objet convoité, ou de ses propres désirs s'adressant peut-être à quelqu'un d'autre, chacun de nous est de la sorte ouvert et donné à tous.

MARGUERITE YOURCENAR

Un

DANS LES MAINS DU VENT

I. Une expression figée et soudaine

Quand on regarde de cette manière l'horizon n'existe pas, le regard le fige, c'est un fil qui se rompt à chaque cillement.

Elle regardait fixement la ligne que le ciel et la mer partagent pendant le jour, la lisière qu'ils perdent quand la nuit vient unir en secret toutes les trames. Dans l'obscurité, c'était une ligne d'étoiles qu'elle contemplait, une ligne claire reflétée au loin sur les eaux.

Même le vol des insectes sur ses paupières ne pouvait rompre les fils tendus par son regard : rien ne faisait de ses paupières des ailes inquiètes.

Fatma regardait ainsi au loin l'ultime ligne bleue où l'océan paraît calme. Et même si dans ses yeux ne se reflétait pas la respiration profonde de la mer, quand l'air entrait dans sa poitrine semblaient se lever en elle des vagues venant mourir avec douceur, l'une après l'autre, sur les vastes plages de son ventre. Le tissu à peine roux qui la couvrait, un voile, presque, donnait à la peau claire de ses seins, de ses épaules, de son dos, une couleur de sable gorgé d'eau. Une mer secrète la modelait : c'était ce qu'évoquaient ses expressions nouvelles.

Fatma, immobile à sa fenêtre comme saisie entre deux nuages, humant de la mer le sel de ses désirs, était pareille à une dune submergée sous la plus grande marée de ses songes.

Un monde nouveau semblait sourdre en elle, prendre possession de son corps avec cette lenteur de la nuit, quand elle s'empare des recoins d'une maison.

Sa grand-mère fut la première à remarquer qu'il se produisait quelque chose d'étrange. Un coup d'œil suffit à la convaincre de la présence en Fatma d'une force nouvelle, peut-être maligne. Aussitôt, elle essaya de découvrir ce qui avait pu forcer la tranquillité de sa petite-fille et donner l'essor à son regard comme à l'oiseau auquel on ouvre la cage pour la première fois.

La sixième heure s'écoulait à Mogador, heure de la sieste, moment où les astres silencieux se rajustent dans la géométrie de l'éther pour indiquer par leurs arabesques de nouveaux chemins aux hommes capables d'en déchiffrer les figures. Heure propice pour tirer les cartes, chercher les signes occultes, interpréter le chant des oiseaux ou les figures de fumée montant de l'encens.

Comme de nombreux habitants de Mogador, Aïcha, la grand-mère de Fatma, était certaine qu'à cette heure seulement pouvait se découvrir aux yeux humains l'écriture cachée en toute chose et en tout être. Pour la lire, elle se servait d'un jeu de cartes très répandu dans la ville de Mogador où on le connaissait sous le nom de la Baraja.

Dans la chambre d'Aïcha, sur un divan couvert de coussins, au bas d'une fenêtre protégée par une grande jalousie les dissimulant aux regards du dehors, Fatma choisit, d'après la position de l'astre ayant présidé à sa naissance, Vénus, les trois premières cartes qui allaient parler d'elle.

« C'est bien ce que je craignais, lui dit sa grand-mère en découvrant la première figure de la Baraja. Il y a maintenant en toi un oiseau altier. Il vole seul, sans bruit, le bec pointé au vent. Tu cours de grands dangers. Mais je ne sais pas encore ce qui te menace. »

Fatma vit, apeurée, le geste plein d'effroi avec lequel Aïcha retourna la deuxième carte.

« La Spirale, dit celle-ci avec un certain soulagement. L'oiseau, en toi, vole en spirale, sa force persiste et grandit à l'approche du centre qu'il veut atteindre. Mais des dangers suivent ton vol. La lame est accompagnée d'un chiffre, le neuf : ce sont les pas qui te séparent encore de ton destin, le temps pendant lequel tu parcours la spirale, les enceintes concentriques à franchir. »

Aïcha souleva la troisième carte comme si elle savait d'avance ce qu'elle représentait.

« Le désir… »

Fatma éprouva tout à coup la terreur de voir son secret découvert par sa grand-mère. Elle voulut se lever et partir en courant. Mais le léger espoir que la Baraja lui dise comment trouver l'objet de son désir la força à se tenir tranquille. Aïcha lui fit tirer neuf nouvelles cartes, les disposa en forme de spirale, au centre de laquelle elle plaça encore quatre cartes dans les angles d'un petit carré imaginaire.

Ce dessin correspond, chacun le sait à Mogador, à celui de la ville : l'artère principale, ou rue du Colimaçon, ou encore la Voie qui, en tournant, conduit des murailles encerclant l'île à la grand-place, où se trouvent les bains publics et les temples des trois religions pratiquées dans ce port. La ville, pour les habitants de Mogador, est l'image du monde, un plan de la vie profane et de la vie spirituelle des hommes. Dans une muraille circulaire, quatre tours, au-dessus de quatre portes, indiquent les points cardinaux : « Le monde entier tient dans une noix, si on sait choisir le signe qui le représente », disait un proverbe très révéré à Mogador. À chaque tournant, la Voie s'orne d'une fontaine. Leur ensemble suggère que l'eau court dans la spirale jusqu'au hammam, lavant tout et tous.

Fatma retournait une à une les cartes au fur et à mesure qu'Aïcha les lisait.

« La première dit qu'un chant très doux mais très puissant réveille en toi l'oiseau qui te domine, en un nouveau rêve : ton désir est tissé dans une tapisserie de songes couvrant tes mouvements. »

Fatma découvrait rapidement les cartes, soucieuse seulement d'obtenir d'elles l'indication sûre qui lui permettrait d'atteindre ce vers quoi elle tendait si désespérément.

À la septième carte, importante car elle est toujours la plus parlante, Aïcha aperçut l'ombre d'un nouvel oiseau, volant parmi des vapeurs.

Elle vit également le mont de Vénus, d'où se levait la lune pour se mirer dans l'eau.

Fatma eut de nouveau peur d'être découverte, et souleva presque en même temps les deux cartes suivantes.

« Arrête ! s'écria brusquement Aïcha. Ce que tu cherches est là. Mais ces trois cartes appartiennent au passé. Tu veux quelque chose que tu as perdu mais cela même a pris possession de toi. Je vois un autre oiseau, identique, et différent ; il t'a mise dans sa spirale de feu. Ce que tu cherches, c'est cet oiseau. »

Aïcha retourna elle-même les quatre cartes restantes, celles au centre de la spirale. Fatma sentait à son cou des palpitations qui lui coupaient la parole et le souffle.

« Sur ton chemin, Fatma, tu entreras dans des songes étrangers : je vois un filet et deux poissons-boules. Je vois aussi une fenêtre ouverte ; un souffle de vent s'en échappe… Fatma, fit Aïcha après avoir poussé un cri, le chant de ton oiseau entrera alors dans le labyrinthe de ton oreille, mais tu ne sauras le reconnaître. Tu seras tout près de l'oiseau que tu cherches, il sera presque à portée de ta main, mais tu ne pourras l'identifier quand tu t'approcheras de lui, car il aura perdu les couleurs sous lesquelles tu te l'imagines. Le vent t'arrachera ce qu'il t'avait auparavant apporté. »

Plus abattue encore après les paroles de sa grand-mère, Fatma sentit en elle une provocation énorme mais digne du désir qui l'animait. Revenue à sa fenêtre, face à la mer, elle décida de relever le défi et de partir pour le voyage intérieur annoncé par Aïcha. Sa quête avait commencé. Elle désirait vivement se montrer capable de reconnaître l'oiseau impérieux provoquant en elle l'envol de ses oiseaux secrets.

La grande jalousie en bois qui masquait la fenêtre de Fatma découpait les rayons du soleil en formes géométriques semblables à des étoiles ; sur le mur du fond, auquel Fatma tournait le dos, apparaissait un petit univers.

II. Un secret dans le vent

On pouvait presque voir la sécheresse de l'air. Cet après-midi-là, sur les côtes de Berbérie, sur la ville fortifiée de Mogador, l'automne s'annonçait dans le vent. Ses souffles invisibles, longs et secs, filant comme des serpents furieux entre les récifs, tiraient de ces pierres rongées le bruit d'une déchirure.

Et comme tous les ans, quand la saison s'annonçait ainsi, les oiseaux du port semblaient répondre à ce bruit par des criaillements d'alarme. Le matin suivant, les plus vulnérables migraient. Les petites mouettes queue-de-lune, les poules d'eau, les corbeaux roux, les cigognes frileuses et les oiseaux nains — ceux qui sont dévorés par les poissons — traçaient au-dessus des barques des cercles de plus en plus larges et s'évanouissaient dans l'azur. Les barques continuaient tout tranquillement à cogner leurs coques contre les poteaux de l'embarcadère tandis que les oiseaux se perdaient à l'horizon, réapparaissaient un instant, se rapprochaient à vive allure et disparaissaient une nouvelle fois.

La ville tombait malgré elle sous l'empire de la nouvelle saison — oiseau cruel aux ailes transparentes et froides —, tandis que Fatma à sa fenêtre écoutait la voix du vent dans les récifs, sentait sur ses lèvres la sécheresse de l'air et laissait son regard accompagner les oiseaux dans leur fuite indécise. Mais à se porter aussi obstinément au loin, le regard de Fatma devenait en son vol la cible de mille rumeurs. En lui allaient se ficher les flèches d'une petite population qui voyait dans sa fixité la forme ailée d'une énigme : un secret possible troublant de son ombre la ligne de l'horizon.

Tandis que cent murmures traversaient la ville, le vent du soir emportait le sel déposé pendant l'année sur l'enceinte, détachait de la pierre de longues et minces feuilles blanches. Les enfants couraient pour les attraper au moment où elles se décollaient du mur, puis, à pas lents, cherchaient à retourner chez eux, les fragiles pellicules de sel à plat sur leurs paumes. Ils n'y parvenaient jamais, parce que le même souffle qui les leur avait offertes les leur reprenait et en les soulevant les changeait en une poudre si fine qu'il n'était même plus possible de la distinguer de l'air.

Fatma les regardait plonger leurs mains dans la pierre et lever délicatement quelques membranes ténues et étirées qui, sous le soleil, et de sa fenêtre, paraissaient saupoudrées de points brillants. Entre leurs doigts ces membranes se pulvérisaient en silence. Un nuage lumineux cachait complètement les enfants, un instant, et se dissipait tandis qu'ils agitaient les bras pour essayer de saisir ce qu'ils ne pouvaient déjà plus voir.

Fatma regardait maintes et maintes fois avec attention la même scène, qui en cette saison était à Mogador quotidienne. Car elle s'était soudain mise à observer minutieusement les petits riens de tous les jours, y trouvant autant de fenêtres ouvertes sur un monde qui, pour tous les autres, demeurait une énigme. « Fatma, tu regardes comme si tu n'étais pas de ce monde, lui disait-on, comme si tu ne t'intéressais qu'à des mouches lointaines ou à des vols d'oiseaux nocturnes. » Nul ne pouvait dire quel jour, exactement, l'esprit de Fatma s'était engagé sur ces voies nouvelles et singulières.

Quand tous s'en furent avisés, il sembla bien qu'il était trop tard et qu'il n'y avait aucun conseil à donner ni vraiment de quoi se joindre aux lamentations. Ses façons d'agir exaspéraient hommes et femmes mais les incitaient en même temps à trouver l'origine d'un semblable changement.

Tous, à Mogador, voulaient connaître son secret et s'étaient mis à sa recherche comme on tente d'obtenir la confession d'un muet en interprétant ses silences : chacun mettait dans cette bouche muette les paroles qui lui convenaient.

Fatma se rendait compte des brusques rumeurs s'élevant autour d'elle mais ne s'en souciait pas plus que si toutes ses pensées avaient été enveloppées d'un invisible voile, et elle-même certaine que nul ne pourrait jamais percer son secret, car celui-ci était fait d'une matière légère et brillante comparable seulement aux soudains nuages de sel s'échappant l'après-midi des mains des enfants.

III. Tempête étouffée

Fatma avait cessé d'écouter les autres, avec plus de désinvolture que si elle était sourde, comme ceux qui se laissent totalement investir par une autre musique, une voix attirante, un chant captivant. Elle ne cessa point de regarder dans les yeux ceux qui l'entouraient, mais son regard pénétrant, presque bouillant, s'éloignait ensuite, ouvrant des vannes invisibles, pour finir par toucher à quelque chose de semblable au fond de l'air.

Elle ne parlait presque pas, se bornait à l'indispensable, sans qu'un sourire laborieux livrât un mot de plus. Au commencement, n'importe qui eût pu penser qu'elle était de mauvaise humeur ou traversait des heures de tristesse. Avec le temps, on ne put éviter de sentir que Fatma était partie pour un voyage sans retour, tout au fond d'elle-même, et que son altération était une de ces blessures qui ne cicatrisent pas.

Quelqu'un en vint à la déclarer possédée par l'âme d'un mort qui captait à présent son attention ; et quelqu'un d'autre soutint que Fatma avait franchi en rêve les portes interdites du Palais blanc du Secret et s'était éprise à jamais de l'un de ses habitants invisibles.

Pour certaines femmes de Mogador, seul un envoûtement pouvait la lier ainsi : la distraction et la tristesse ne suffisaient pas à expliquer le regard subjugué de Fatma.

Bien des choses encore furent dites sur elle, sur sa fenêtre, sur la manière étrange avec laquelle ses yeux examinaient les corps : de très loin et au plus profond, laissant en chacun une douleur aiguë avivée par le vent, un désir profond de dévier sa course, de l'attirer ou de la repousser, de l'empêcher de cultiver ces expressions qui ne se laissaient pas interpréter avec certitude.

Pour les habitants de Mogador, Fatma se changea bientôt en quelque chose de plus lointain qu'un corps étranger. La connaître, c'était la méconnaître, et à défaut de savoir ce que celaient ses pensées, ceux qui la voyaient déposaient en elle certaines de celles qu'ils nourrissaient eux-mêmes : les irascibles la trouvaient très irritée, les frileux assuraient qu'elle avait une pneumonie, les jaloux de leurs biens se demandaient de quel vol elle avait pu se faire complice, les commerçants essayaient de savoir ce qu'elle avait bien pu vendre aussi mal, et ceux qui ne flairaient en elle aucune faute précise délestaient pourtant leur esprit en augurant de la moiteur attrayante des replis entre ses jambes.

Les rumeurs lui cinglaient presque le dos quand elle se rendait au grand souk, à la fontaine ou au four. Au hammam, la vapeur, les recoins lui permettaient de s'isoler. Mais là où elle se sentait le moins observée, c'était encore sur le bref parcours qui la conduisait de la contemplation de sa fenêtre au bord de l'embarcadère. Là où les rochers sont les plus gros, près de la muraille, en descendant vers le goulet par lequel se glissent les barques pour entrer dans le port, Fatma regardait fixement les replis de la mer entre les pierres.

Qui la voyait pensait qu'elle cherchait quelque chose dans l'eau, comme elle semblait chercher quelque chose dans l'air quand elle était à sa fenêtre. Dans le vent, elle parvenait à distinguer une agitation cadencée semblable à celle, plus rapide, qu'elle découvrait maintenant entre les rochers : l'eau entrait et sortait des petits couloirs creusés dans les pierres, remuait dans les minuscules cavernes une mousse dont les couleurs passaient du rouge au vert. Fatma voyait s'immiscer dans la fine écume qui se dissipait sous ses yeux une fenêtre délicate sur le fond de la mer, où son regard découvrait les mêmes paysages cachés, les mêmes habitants fugitifs que dans le vent.

Et Fatma semblait savoir à quel instant la transparence de l'eau et de l'air s'égalisent au loin, suscitant cet éclat dans lequel, soudain, tout se révèle.

Après de tels moments, elle paraissait éblouie, et il se trouvait toujours quelqu'un pour vouloir l'interroger sur l'avenir, lui demander conseil pour conclure une affaire risquée ou obtenir d'elle l'assurance du bonheur avant un mariage incertain. Tous ceux-là, Fatma, lassée, les ignorait. Ils n'étaient, dans le coin le plus obscur de son œil, que de petits feux d'artifice insignifiants au cœur de ce qui semblait une longue nuit d'orage ; une tempête étouffée, peut-être.

IV. Ardeur et confusion

Fatma patientait et elle habitait les mouvements lointains qu'elle pouvait voir : elle vivait dans les profondeurs de sa longue attente. Nul ne semblait rien savoir de cette absence qui la poussait à regarder les voiles se gonfler sur la route qu'empruntent les bateaux quand ils quittent le port fortifié de Mogador. D'aucuns finirent par se dire qu'elle ne savait peut-être pas elle-même ce qu'elle attendait. Quelque chose de vague mais d'indispensable ? Des yeux, peut-être, qui l'eussent regardée avec un calme pareil au sien, ou quelqu'un d'aussi enclin à s'exposer à sa vue que semblait l'être, au loin, le soir. Et il n'en manqua pas non plus pour vouloir, en l'observant, sonder son visage afin d'y chercher les signes traîtres à son silence, quelques lignes autour des yeux et de la bouche susceptibles de laisser deviner pour qui éclorait son sourire.

Un pensif qui sortait de l'école coranique tout plein de certitudes ne laissait pas d'être intrigué en passant chaque jour devant la maison de Fatma et en la voyant à sa fenêtre contempler la mer d'aussi singulière façon. Il était jeune et avec orgueil et application apprenait à chercher la plus grande des vertus dans la négation de son expérience individuelle et à trouver dans le Livre l'explication, la règle et le sens de la vie. Néanmoins, quand il rencontrait Fatma, il se sentait pris dans les rets d'une inquiétude que les paroles du Coran, dans son esprit, n'arrivaient pas à apaiser. Il se mit à penser à elle même quand il ne la voyait pas ; elle envahit ses heures de repos, ses heures de lecture et bientôt jusqu'à ses heures de prière. Mais quand il arrivait qu'il se trouvât devant elle, elle le regardait avec cette indifférence, pas tout à fait dépréciatrice, qui déconcertait les autres. Et il était dévoré de confusion en la considérant, parce qu'il ne savait pas reconnaître l'indifférence : Sarrasin de cœur, il ne connaissait que les refus tranchants. Il désirait à toute force découvrir dans l'attitude de Fatma les signes d'une préférence à son égard et il cherchait avidement dans le Coran un moyen de les déchiffrer.

Bientôt le Livre ne suffit plus à ses exigences, ce qui pour ses maîtres, s'ils l'avaient su, eût été aussi grave que de trouver à Dieu des imperfections.

Aussi garda-t-il son inquiétude secrète et se leva-t-il un matin avant l'heure de la première prière pour entrer seul dans la bibliothèque et ouvrir le coffre scellé des livres interdits. Il avait déjà entendu parler du traité sur l'amour et les amants d'Ibn Hazm, et quand il l'eut en main, il alla tout de suite au chapitre sur « Les Signes de l'amour livrés par les yeux » : « Souvent les yeux servent de messagers et l'on fait entendre avec eux ce que l'on veut. Si les autres sens sont quatre portes qui conduisent au cœur et autant de fenêtres ouvertes sur l'âme, la vue est entre tous le plus subtil et le plus efficace. Avec la vue, on éloigne et on attire, on promet et on menace, on ordonne et on interdit, on réprimande les enfants, on se garde des espions, on rit et on pleure, on interroge et on répond, on accorde et on refuse. À chacune de ces situations correspond un signal particulier du regard… »

Celui qui avait tant médité le Coran filait au galop sur ces lignes, tout empourpré par l'ahurissement de découvrir ce qui ne se trouvait pas dans le Livre, n'écoutant que sa curiosité dévorante. Il pressentait que ces pages devaient receler la clef de ces regards que Fatma jetait parfois de son côté ; ou plutôt, il le désirait. « Un signal du coin de l'œil indique un refus de la chose demandée. »

“Mais je ne lui ai encore rien demandé…”

« Un regard langoureux est une preuve de consentement. »

“Elle a bien ce regard, mais pas lorsque je suis devant elle. Elle doit se servir d'un autre signe, avec moi.”

« L'insistance du regard indique regret et tristesse. Un regard vif est un signe de joie. Fermer à demi les yeux laisse entendre une menace. Un mouvement furtif sur le côté dénote une supplique. Un déplacement rapide de la pupille en direction de la commissure interne signifie impossibilité et une agitation des prunelles au centre de l'œil interdiction absolue… » En arrivant à cette ligne sans avoir trouvé la bonne réponse, il tomba sur la conclusion d'Ibn Hazm : « Les autres signaux de l'œil ne peuvent être décrits, peints ou définis et *on les comprend en les voyant.* » C'était le laisser sans chaise, assis en l'air, lui qui trouvait tout dans le Livre, de lui dire soudain d'aller chercher des choses qu'aucun prophète n'avait couvert de son manteau infaillible. Il comprit ou crut comprendre que c'était là la raison pour laquelle les livres comme celui-ci étaient interdits.

Sa curiosité engagée sur de nouvelles voies, et à défaut de voir dans les yeux de Fatma des signes clairement favorables, il cessa de penser à elle. Mais il se mit à pratiquer amoureusement les livres interdits. Avec le temps, son attachement à la seule méditation du Coran devait prendre fin ; il allait nourrir en secret des opinions opposées à celles de ses maîtres et écrire des livres qui seraient à leur tour condamnés.

Plus tard, il fonderait la secte hérétique des *Adorateurs du regard qui se plaît à s'attarder sur ce qui n'est pas écrit,* écrirait de la poésie et mourrait à petit feu sur la place publique, sans plus d'émules, avec pour seul soutien la corde dentée qui mord le cou des hérétiques ayant défié la Parole révérée du Prophète.

Si notre aspirant aux grandeurs coraniques et futur hérétique avait prêté un intérêt plus soutenu au regard furtif de Fatma, il aurait découvert sous son mutisme une éloquence débordant d'expressions fugitives et autres signes subtils. Il eût pu faire l'inventaire poétique des signes du désir, comme Ibn Hazm l'avait fait de ceux de l'amour. Car l'histoire de Fatma à ces moments-là était pareille à une tapisserie où s'entrelacent les fils ténus de fantaisies diverses, brûlantes de désirs, incluant en premier lieu la sienne, bien entendu.

En lisant ces livres interdits, le futur fondateur de la secte des *Adorateurs* aurait découvert une tradition très profondément enracinée dans la littérature arabo-andalouse, celle de l'*adab,* du traité qui est à la fois récit et poème, le plus souvent vécus, en grande partie, par l'auteur. Une fois confronté à cette tradition, il eût sans doute été incité à écrire l'histoire de Fatma et de ses désirs, révélant à tous ce que leur géométrie, leur architecture subtiles avaient pu engendrer dans le secret de l'imagination de quelques-uns. Mais les démons personnels de sa vocation s'étaient aussitôt chargés de le conduire sur d'autres chemins.

Fatma, à sa fenêtre, bandait de nouveau l'arc de l'horizon, pendant que lui, intrigué par ses yeux, encore fidèle au Coran, faisait sauter en cachette la serrure du coffre interdit. Elle ne pouvait imaginer jusqu'où la ténacité de son regard conduirait certains, mais sentait bel et bien les questions pleuvoir sur ses épaules, incessamment. Et ce qu'elle guettait n'était peut-être qu'un passage sur la mer qui la conduirait loin du cachot de tant de sourcils froncés interrogeant son attente.

Autour de sa fenêtre de larges lignes d'ocre éteignaient l'éclat du mur chaulé où la pluie piégée par le soleil semblait avoir laissé dans ses griffures dorées les traces d'un gémissement. Qui passait sous la fenêtre de Fatma et apercevait son visage encadré par ces coulures s'avisait que celles-ci en illustraient les expressions les plus languides. Car ce n'était pas seulement à son visage mais à tout ce qui l'entourait qu'il fallait deviner comment s'installait et grandissait en elle l'animal muet de la mélancolie.

V. Présence obscure

Elle ne fréquentait personne hormis sa grand-mère, avec laquelle elle vivait, et semblait même s'éloigner d'elle, parfois. Sa solitude voulue inquiétait les gens du port et d'aucuns écartaient les suppositions qui faisaient d'elle une amoureuse. Quelle amoureuse éviterait son bien-aimé, même s'il n'était pas pour elle ? Cependant, dans le souk, un des vendeurs d'amandes vertes et de châtaignes crues soutint avec la plus grande assurance que tous les signes manifestés par Fatma étaient ceux de quelqu'un qui s'enamoure pendant son sommeil d'un visiteur de l'ombre. À l'appui de ses dires, le marchand raconta ce qu'il était arrivé à son grand-père « mort d'une maladie d'idées ».

Ahmed Al 'Arbi, vendeur de figues et de dattes confites, avait fait fortune très jeune et pris pour épouse la fille d'un caïd lui ayant permis d'étendre son commerce jusqu'aux abords du désert dans le Sud et jusqu'aux deux mers de l'Est et du Nord. Insatisfait de son gain, il équipa des caravanes qui d'oasis en oasis traversèrent maints déserts, s'embarquèrent et rapportèrent à leur retour de contrées inimaginables de la soie, de la poudre, de l'or et des esclaves aux yeux tristes pareils à des amandes effilées.

Ahmed Al 'Arbi se réveilla un matin avec une érection si tenace qu'au fil des heures elle devint terriblement douloureuse. Ni son épouse ni ses amantes n'avaient connu semblable turgescence et semblable obstination, encore plus étonnantes dans une chair ayant atteint l'âge du tiède repos. Toute tentative d'apaisement fut vaine. Les matrones les plus expérimentées ne parvinrent qu'à accroître sa distension. Les sorcières l'irritèrent avec des onguents de peau de vieil iguane. Et les médecins furent expulsés à grands cris quand ils brandirent leurs fins rasoirs.

Ce mal étrange qui ne laissait à Ahmed Al 'Arbi aucune minute de répit dura soixante jours, pendant lesquels il poussait de temps à autre des cris de plaisir et de douleur mêlés, juste avant l'instant où sa tour aux veines saillantes expulsait le liquide blanc qui semblait chaque fois se dissoudre dans l'air, comme englouti par quelque chose d'invisible et d'insatiable.

Quand tout se termina, Ahmed pesait quarante livres de moins, dormait chaque jour trois heures de plus, et dans son sommeil s'entretenait tendrement avec quelqu'un en une langue incompréhensible. Lorsqu'il était réveillé, il n'aspirait qu'à dormir de nouveau, s'enfonçait dans une tristesse chaque fois plus persistante. Il ne vécut ainsi pas plus de dix mois. Même s'il crut que c'étaient des années.

Peu avant de mourir, le vieil Ahmed confia à son petit-fils le rêve qu'il avait fait la nuit où ses maux s'étaient déclarés : une esclave aux yeux en amande lui était apparue en songe, et ses mouvements étaient si lents qu'il les suivait un à un du regard avec l'impression de se laisser convaincre par autant d'arguments irréfutables. Un désir profond s'éveilla en lui dans son sommeil. Mais l'esclave s'éloignait, s'enfonçant dans un liquide jaune où Ahmed la suivait, les yeux fermés. Quand il les ouvrait pour la chercher du regard, le liquide devenait rougeâtre, puis chaque fois plus transparent, jusqu'à reprendre la consistance de l'air. Alors l'esclave n'était plus visible nulle part, semblait s'être dissoute dans cela même qu'Ahmed respirait. Il s'était réveillé angoissé. Sa chair la réclamait. Elle était en toute chose et n'était pas, son odeur était celle de l'air, sa force celle du vent, sa moiteur celle du temps, et sa présence légère et parfois opprimante, toujours exigeante, à sa manière.

Après avoir raconté son rêve à son petit-fils, Ahmed lui montra une tache lisse et colorée sur la partie la plus épaisse du sexe, semblable à un tatouage, ou plutôt à une cicatrice, qui, depuis lors, lui était restée. La tache avait la forme d'une araignée rouge, dorée et noire, grandissant avec l'érection sans rapetisser ensuite, comme si elle s'en nourrissait. Ses couleurs, dans les rayons du soleil, donnaient l'impression d'une flamme. L'araignée avait grandi et grossi au cours des mois tandis que le pénis rétrécissait toujours davantage, jusqu'à devenir tout petit.

Quelques semaines après qu'il eût fait ce rêve, les émissaires d'Ahmed Al 'Arbi étaient revenus d'Orient avec leur chargement. Le vieil homme s'était précipité pour voir les esclaves, cherchant celle qui assouvirait son appétit. Sa surprise se changea en fureur quand il s'aperçut que, pour la première fois, ses hommes étaient rentrés sans une seule esclave, et sa fureur se changea en peur quand ils lui eurent dit qui les en avait empêchés, et comment.

En arrivant dans une vallée où ils ne s'étaient encore jamais rendus, ils avaient cherché, comme ils le faisaient toujours, à s'assurer la protection du maître des lieux afin de mener à bien leurs affaires. La région était sous la domination d'une femme de trente ans, maîtresse des terres et des habitants, qui avait une cour, une armée et une bibliothèque.

Toute une journée elle interrogea les hommes de la caravane sur la vie de celui qui les envoyait. Elle se fit décrire pendant des heures jusqu'au moindre grain de beauté qu'Ahmed pouvait avoir sur le visage, ses ambitions, sa façon de faire les comptes et maints autres détails, entre autres ses ardeurs amoureuses et son appétit inextinguible d'esclaves étrangères.

Quand la nuit vint, elle termina son interrogatoire en disant : « Votre puissant seigneur sait-il qu'il peut mourir de faiblesse pour avoir porté aussi loin l'abus de ses désirs ? » Et elle se retira sans attendre de réponse, sans un regard.

Le lendemain, elle vint les trouver accompagnée d'une esclave très belle, aux yeux en amande, capable de troubler les songes du plus puissant ou du plus saint. Avec elle parurent ses trois sœurs, terriblement semblables par leur beauté. Chacune portait le nom de l'un des quatre vents qui soufflaient dans cette région. C'était un cadeau pour Al 'Arbi, que ses envoyés ne purent refuser bien qu'ils pressentissent, comme un feu, le danger de les emmener. Il suffisait de les voir pour se rendre compte qu'en leur compagnie l'envie de se perdre au cœur d'un tourbillon était irrésistible. Avant de les laisser partir, la maîtresse ordonna que l'on tatouât à chacune sur le ventre le quart d'une araignée rouge, dorée et noire. Puis, à l'instar d'un sacrificateur, elle les remit aux envoyés.

Au cours des soixante jours de voyage qui suivirent, les quatre esclaves moururent étrangement l'une après l'autre, comme si une fatigue millénaire s'était emparée d'elles. Chacune, pendant sa dernière nuit, avait prononcé en rêve à plusieurs reprises le nom d'Ahmed, tandis que le tatouage disparaissait. On s'avisa que les dates de ces dépérissements correspondaient à celles des langueurs d'Ahmed et que les tatouages qu'elles avaient perdus avaient pris vie sur lui à la même heure. Ahmed Al 'Arbi ne vécut pas longtemps quand ses émissaires lui eurent expliqué ce qui s'était passé. Figé de peur, muet de tristesse, absorbé par la nostalgie de sa vision, épouvanté par la tache qui, les soirs de vent, cheminait presque sur son ventre, il mourut les yeux rivés sur une nouvelle toile d'araignée au plafond.

Quand son petit-fils, le marchand d'amandes, finit de raconter dans le souk l'histoire de son grand-père en prononçant la formule rituelle : « Allah lui accorde le pardon », les femmes qui l'écoutaient répétèrent après lui ces paroles. Puis, craignant de voir ces maux mystérieux survenir du simple fait d'avoir été évoqués, elles lancèrent aux quatre vents les cris gutturaux entrecoupés qui à Mogador souhaitent la bienvenue à l'arrivant et invoquent la protection céleste pour celles qui les poussent et leurs proches. Parmi ces femmes s'ancra la certitude que le corps de Fatma abritait d'étranges et dangereux visiteurs.

Quand se répandit à Mogador la version du marchand d'amandes sur les maux de Fatma, tous épièrent aussitôt avec attention ses moindres gestes, augurant d'eux les menées d'une autre vie. À la fontaine dont les eaux jaillissent près de la muraille, celle où l'on peut voir les femmes s'adresser la parole, leur cruche vide à la main, puis remplir le récipient sans regarder l'eau, tout en devisant, et s'éloigner ensuite leur charge sous le bras, l'une d'elles évoqua, tout excitée, la disparition mystérieuse des parents de Fatma, quand celle-ci n'était encore qu'une enfant. Mais les autres l'interrompirent, terrorisées, avant qu'elle eût raconté l'histoire que toutes devinaient, si elles ne l'avaient pas déjà entendue.

L'une d'elles se décida alors à la désensorceler sans consulter personne. Et à une heure déjà avancée de la nuit, lestée d'herbes et d'amulettes, après s'être assurée si la position de la lune était favorable, elle se glissa en silence jusqu'au mur sous la fenêtre de Fatma.

Elle tenait contre sa poitrine deux ailes de jeune faucon dont l'extrémité des plumes avait été trempée dans le sang menstruel d'une vierge noire. De leurs pointes, elle allait méticuleusement barrer le souffle sur lequel se déplacent les esprits malins. Pendue à son cou, elle portait une pierre plate bicolore où se dessinait la silhouette d'une forteresse, protection contre tout ennemi.

Dans une bourse de cuir aux inscriptions sacrées elle avait mêlé trois herbes fumigènes, avec lesquelles elle envelopperait d'un épais nuage de fumée les paroles rituelles afin que celles-ci, une fois prononcées lentement, ne fussent pas ravies par le vent, et prissent, mêlées à la fumée, une consistance plus visible. Tandis qu'elle faisait les premières conjurations, la brise salée forma un tourbillon dans un angle de la muraille et courut si promptement qu'elle imprégna les herbes d'humidité en passant près de la femme aux sortilèges et lui arracha des doigts l'une des ailes.

La femme prit peur et serra dans sa main la pierre forteresse. Déçue, elle reconnut le lendemain l'échec de sa tentative, ce qui, à ses yeux, dénonçait plus encore la présence imposante, puissante et obscure qui hantait Fatma.

VI. La main

Peut-être les motifs secrets de Fatma étaient-ils plus charnels que beaucoup le croyaient et peut-être l'étrange présence immatérielle dont certains la revêtaient n'était-elle en réalité qu'une absence tue. Car la beauté, sur le visage de Fatma, sur tout son corps, s'était justement teintée d'absences. Ses mains saisissaient les objets avec la crainte de les laisser échapper, avec force et douceur en même temps, comme si elle craignait aussi de les briser.

Ses lèvres semblaient dessinées pour modeler la sonorité des mots les plus fragiles, et humectées pour mordre la peau des fruits étranges, inconnus mais devinés par sa bouche. Sur ses longues jambes, les appétits les plus intimes paraissaient commander à la tension des muscles et occulter subtilement leur impatience sous la délicatesse de sa peau.

Elle marchait comme si elle savait toujours où elle allait, mais toujours tardait à arriver. Parfois les absences qui lui donnaient forme étaient si grandes qu'elle-même cessait de se voir ; certains passèrent sous sa fenêtre sans percevoir sa présence et d'autres, en parlant d'elle, sentirent la fragilité de sa présence. À Mogador on pensait qu'elle n'avait pas les deux pieds sur terre et qu'un être lointain aux pouvoirs obscurs l'appelait sans lui indiquer le chemin. En parlant d'elle, on ne disait pas « elle est là » mais « elle semble être là ». Pour d'autres, « la mélancolique Fatma » avait tout du reflet d'elle-même, de l'image d'une image meurtrie, d'une présence à peine perceptible dans l'air.

Au regard de certains, sa fenêtre ouverte semblait plus vide encore quand elle y montrait son visage. Cependant, pour Fatma, la fenêtre n'était pas le coffret de ses riens, comme on pouvait le supposer en la voyant, mais la porte ouvrant sur toute chose et sur aucune. C'était l'écrin où elle puisait la soif de tout, car ces absences insubstantielles, souffle de sa mélancolie, prenaient racine dans les parties de sa chair où l'imagination court avec la plus grande facilité. Et ces racines puisaient la chaleur au ventre et la sève à la peau.

Quelquefois, assise à sa fenêtre, elle faisait glisser un doigt sur ses lèvres avec une douceur telle qu'elle ne savait bientôt plus de quel côté il venait ; car il semblait plutôt parcourir des profondeurs, provoquer l'éruption de sens nocturnes, accroître la moiteur de son haleine. L'air de la mer qu'elle prenait à sa fenêtre était la main qui la caressait tendrement de l'intérieur ; dressée, elle en emplissait ses poumons, se livrait à lui pour sentir en elle sa pression progressive. En même temps, elle laissait ses doigts tomber sur sa gorge, peignait sur son cou des frôlements prolongés qui descendaient en se faisant un peu plus enveloppants jusqu'à la naissance de ses seins, et ceux-ci lui offraient dans la fermeté de leurs pointes la récompense de ses douces attentes.

Ses doigts gravissent et dévalent les spirales de son corps, coïncidant à tout instant avec les autres doigts qui la parcourent de l'intérieur. Ils se reconnaissent à travers la peau comme deux pointes d'épingles rougies au feu sillonnent les deux surfaces d'une toile et brûlent au point de rencontre.

Les doigts de l'air qu'elle prenait à sa fenêtre donnaient à ses mains le pouvoir d'embraser son corps. C'était le même air qui tendait les jambes de Fatma, produisait entre elles des tourbillons, l'autre atmosphère des jours, celle qui monte comme les marées, celle qui flotte, indécise, à six heures du soir.

Que pouvaient donc savoir d'elle ceux qui la voyaient, paisible, à sa fenêtre, alors qu'elle-même ne tenait pas à révéler la densité de ses frissons et la saveur intense de ses aiguillons ? Car, même lorsqu'elle sortait se promener dans les rues proches de l'embarcadère et cherchait de son pas incertain à provoquer le hasard, à faciliter une rencontre, elle ne permettait jamais à l'imagination des autres de commencer à entrevoir qui pouvaient être ceux ou celui qu'elle désirait croiser à chaque coin de rue, quels visages et quels noms peuplaient l'air que la mer poussait vers sa fenêtre.

Peut-être les souffles portaient-ils l'épaule légèrement ondoyante et musculeuse du teinturier que Fatma avait surpris en train de se baigner dans la fontaine le matin où elle était sortie plus tôt que d'habitude chercher de l'eau, ou la courbe suave de la taille et la poitrine vibrante de la femme qu'elle avait vu courir sur les rochers avant de s'élancer nue dans la mer, ou les yeux gris des jumeaux qui jouaient aux dés dans l'échoppe du marchand d'épices, ou les bras levés, légers comme la nuit, de la svelte Noire qui vend le lait, ces bras qui la troublaient chaque fois qu'ils se tendaient vers elle pour lui remettre son achat ou lui rendre la monnaie. Mais seule Fatma pouvait savoir si l'air qui tendait une main vers son corps et lui coupait le souffle avait un nom, un seul nom, que l'on dit en secret et dans la joie.

VII. Lune dans l'eau

La muraille blanche qui entoure l'île de Mogador brille dans la nuit. Les marins se réjouissent de s'en approcher en se disant qu'elle est comme la lune, qu'elle est dans l'eau et les appelle. Quand ils s'éloignent pour longtemps de leur ville blanche flottant sur la mer, une inquiétude s'empare d'eux peu à peu jusqu'à ce qu'elle les ait vaincus, et guidés par la nostalgie plus que par les étoiles, ils reviennent et remboîtent leurs bateaux aux mâts dressés sous les arcs et les portes de la muraille vibrante. Si le voyage de retour est long, la nuit, en rêve, les assaille l'image étrange d'une ville nue comme une maîtresse couleur de lune attendant dans un port, la peau luisante de désirs ardents.

Avant de la voir, de toute évidence, ils la pressentent. La deviner ainsi ne les apaise pas, mais les presse, au contraire, comme d'aveugles oiseaux véloces. Jusqu'à ce qu'ils l'entendent, tout à coup : Mogador est la ville des voix sonores, et ses murailles sont des lèvres qui amplifient et modulent son chant. Sur chacune des six cent soixante-six tours de son enceinte, un dragon de pierre creux tournant avec le vent comme une girouette reçoit les bruits de la ville par le conduit logé entre ses pattes arrière et les renvoie par sa gueule, transformés en une mélopée arabesque qui, dit-on, fait pleurer d'émotion ceux qui l'entendent pour la première fois.

Le chœur des dragons est tantôt le rugissement tantôt l'allégresse de la ville ; il est aussi parfois son lamento, son chant le plus profond. Aux marins qui de loin l'entendent, il annonce que la chair étant faible, par bonheur, leurs inquiétudes, encore ambiguës et inconsistantes peu auparavant, vont prendre corps, un corps des plus délectables, telles ces âmes errantes, pures et égarées, qui, par quelque négligence du sort, se réincarnent dans la joie d'un moment de pure luxure. À Mogador, les désirs fragiles d'un marin, d'une femme à sa fenêtre, d'un étranger, d'un marchand de poisson, semblent brusquement prendre corps quand le chœur des dragons les chante ; et ils sont pareils à une rafale de vent qui en frappant l'eau d'un étang se fait pierre, en plongeant se fait poisson et en ricochant à la surface vole comme un oiseau remporté par le vent.

Quand elle marchait dans la partie la plus haute de la ville, Fatma s'arrêtait chaque fois qu'un souffle léger agitait le voile rouge qui lui couvrait le dos. Quand le vent tombait, un instant, un silence profond semblait vouloir lui faire une confidence. Puis les rumeurs de la rue, les voix perdues, les objets cognés, les aboiements et les cloches, les plaintes, les rires et les pas, pas innombrables enlacés au rugissement lointain des vagues, refaisaient surface. Le vent revenait, transformant tout en sifflement, et un nouveau silence fugitif, passant par la partie la plus blanche des yeux, allait se loger dans les vides de l'esprit. De ces fiefs, il imposait à chacun la conviction que toute chose est vivante.

Sans y prendre garde, Fatma caressait le premier objet qui se trouvait à sa portée ; une pierre lisse, un galon brodé, une boucle d'oreille en filigrane, une feuille d'olivier. Elle posait doucement le bout des doigts sur un tissu ou un autre, que ses mains semblaient faire parler.

Et en toute chose elle sentait la force des vies antérieures n'ayant pu accéder à un autre corps pour se réincarner ; entre ses doigts quelque chose de blessé, comme le sexe de l'objet, parlait.

Fatma leva les yeux vers l'un des dragons qui semblait se reposer sur la muraille d'un vol circulaire au-dessus de la ville, et se dit que le vent chargé de voix s'était aussi logé entre ses jambes, l'emplissant de doux cris qui bientôt retentiraient par sa bouche. Mais entre toutes les voix qui s'étaient frayé un chemin dans le labyrinthe de son corps, une seule en tirait les sucs, une seule avait su ouvrir les portes secrètes du sexe et de l'imagination.

C'était une voix de femme, celle de Khadidja, tapie parmi les bruits de ville, qui poussait maintenant Fatma à prêter une oreille attentive à la plainte de toute chose. Et la coquille vide de son oreille, comme celle de son sexe, s'ouvrait pour accueillir les palpitations, les murmures inquiets de la peau de l'air.

Chacun de ses gestes soutenait une conversation posée avec tout ce qu'elle rencontrait sur son chemin, même si ces dialogues n'étaient qu'étonnements. Un chat saute par-dessus le muret d'un jardin, des plumes de paon dans la gueule. Une cruche tombe dans l'eau, celui qui la portait pousse un soupir et grogne en la repêchant. Sur des braises grillent des pois chiches, des fèves et des noisettes. Deux enfants arrivent, cachant une pastèque ; sous un arbre, ils la font éclater et y plongent les mains en se disputant les graines. Ils s'en vont les poings serrés d'où s'écoule une eau rouge. Elle les perd de vue mais entend encore leurs rires. Sur chaque porte, une main charbonneuse a laissé son empreinte entière : c'est pour interdire l'entrée à un défunt. Elle entend une dispute entre deux commerçants. Un sac de riz se répand sur le sol. Deux dagues apparaissent. Des cris se font entendre et les adversaires se calment.

Fatma allait traverser une rue étroite quand des hommes avec des fanions et des tambourins, sans le vouloir, l'en empêchèrent. Derrière eux, d'autres hommes sur des mules blanches et noires, chantant et priant, soulevèrent un épais nuage de poussière qui leur arriva presque à la gorge. Pour ne pas être bousculée par la procession, Fatma dut se coller à un mur, plaquer complètement les jambes, le dos et la nuque contre la paroi chaulée et suintante. Elle eut froid. La poussière l'étouffait. La cohue l'étourdissait.

Le calme était revenu dans la rue et Fatma ne pouvait se défaire de son malaise quand une brise soudaine monta de la mer jusqu'à elle. Elle la huma tout doucement, la sentit sur son visage, sourit, crut la reconnaître. Khadidja était de nouveau là, et nul, excepté elle, ne semblait remarquer sa présence. Ce feu roulant dans l'air était le sourire de Khadidja, brillant dans le souvenir de Fatma de cet éclat des soirs où la lumière est si rayonnante qu'elle semble ne jamais plus pouvoir s'éteindre. Fatma se voyait faite de mille étincelles attirées par la bouche souriante et fine de Khadidja, et la commissure aiguë de ses propres lèvres conservait, comme aimantés, tous les vestiges des baisers de Khadidja changés eux aussi en invisible limaille.

Entrelacées à ces images lui venaient aussi certaines paroles soufflées doucement aux portes de ses oreilles et désormais converties en un de ces échos qui ne s'éteignent point. Le nom même de Khadidja était un secret déposé dans la résonance inextinguible, avec toutes les sensations de cette matinée où elles s'étaient rencontrées pour la première fois dans les corridors humides et vaporeux du hammam.

Fatma, à l'instar de toutes les femmes de Mogador, fréquentait le hammam qui le matin ouvrait ses moiteurs aux seuls corps féminins, réservant celles de ses après-midi à l'onction des rudesses de la complicité masculine.

Qu'était le hammam le matin ? Tourbillons secrets, cris, savonnettes dissoutes dans l'eau, chevelures emmêlées, vapeurs d'herbes aromatiques, quartiers d'oranges sur un plateau de grains de grenade, menthe et haschisch sur des lèvres épaisses, épilations hâtives, socques de bois gonflés d'eau, terre rouge pour teindre les cheveux, pêche jaune mordue, fleurs obèses, azulejos vivants, nudité submergée aux mouvements pareils à ceux du reflet de la lune dans l'eau.

Comme le four où chaque femme apporte sa farine pétrie et parle avec les autres en attendant que son pain soit cuit, le hammam est l'un des endroits où les femmes de Mogador peuvent tisser les fils délicats de leurs complicités. Aucune des trois principales religions de l'île n'a réussi à étendre ses interdits jusqu'au hammam. À l'intérieur de ses murs nulle phrase du Coran, du Talmud ou de la Bible ne peut être prononcée et moins encore écrite, ni même évoquée par la pensée. Les femmes veillent à toujours y entrer du pied droit et à en sortir du pied gauche, comme si elles ne faisaient qu'un pas entre l'entrée et la sortie ; ainsi, elles placent le hammam hors de l'espace et du temps. Pourtant, le hammam a ses lois, celles de la purification complète du corps, dont on cherche, en l'exerçant au plaisir qui revitalise, à extirper toute tristesse — parce qu'elle est nuisible. C'est là le principe de la magie la plus ancienne : stimuler la beauté et la vie en occultant les atteintes de l'âge.

Ce qui au-dehors est illicite devient dans le hammam aussi impalpable qu'un fruit dont l'écorce se diluerait dans l'air, le laissant sans consistance. Les températures progressives, les corps surgissant de la vapeur dont ils semblent avoir emprunté la matière, les voix et leurs échos, les massages souverains, la fatigue immense et l'excitation assoupie sont quelques-unes des mille antichambres de félicité que l'habitué du hammam parcourt dans son voyage sans destination. Le repos et la propreté ne sont pas ce que l'on vient tout d'abord chercher au hammam, mais l'un de ses effets parmi tant d'autres.

Les femmes savaient, et Fatma aussi, que l'après-midi, quand il était occupé par l'autre sexe, l'édifice même était différent de celui qu'elle connaissait. C'était le jour et la nuit. Passé midi, les rumeurs qui se faisaient entendre jusque dans la rue en annonçaient les métamorphoses.

Si le matin les rires étaient aigus et parfois stridents, finis comme des pointes d'aiguilles glissées dans le lacis des voix, sortes de cris oscillant entre le sanglot et le chant, l'après-midi, les déferlements de rires s'enrouaient pour culminer plus d'une fois en vociférations isolées dont les tonalités viriles singulièrement outrées semblaient désireuses de loger dans les autres l'érection de leur présence.

Mais bien que la prépotence de l'après-midi et l'hystérie du matin fussent les deux extrêmes rigides qui maintiennent debout les murs du hammam, ses nombreuses salles et fontaines ouvraient matin et soir les labyrinthes propices à l'activité des sexes intermédiaires. Au-dessus de l'entrée du hammam, une inscription en gros caractères rouges auxquels venait s'enlacer une calligraphie délicate en trois autres couleurs vives disait :

Entre. Ceci est la maison du corps, tel qu'il vint au monde. Du feu qui était eau, de l'eau qui était feu. Entre. Épanche-toi comme la pluie, enflamme-toi comme la paille. Que ta vertu soit l'allègre offrande à la source des sens. Entre.

Ce matin-là, Fatma entra dans le hammam réceptive au contraste entre la luminosité écrasante du dehors et la pénombre poudrée de couleurs par les petits vitraux qui, du toit, répandaient leur mesure de soleil sur la première salle. C'était une très grande pièce, l'une des plus vastes de l'édifice, aux murs blanchis à la chaux avec une rangée de crochets à hauteur de tête auxquels les femmes suspendaient tous leurs voiles. Près de la porte il y avait une chaise surélevée d'où une femme obèse et vociférante, à laquelle chacune remettait l'argent avant d'entamer le parcours des eaux, surveillait les affaires.

Le regard de Fatma embrassait plus de cent étoffes différentes accrochées aux murs. Les châles, les tuniques et les voiles faisaient un monticule de tissus plus important que celui de n'importe quel magasin de Mogador. Une telle juxtaposition de couleurs et de motifs ne se voyait même pas dans les coffres des marchands venus d'Orient. Chaque étoffe paraissait plus soyeuse que les autres et les différences entre elles étaient subtiles mais tranchantes comme le fil d'une dague. Fatma songea à ce qu'eût pu être l'affolement de ses doigts, s'ils avaient eu à choisir entre ces tissus sans pouvoir en préférer un ni en éliminer aucun.

Avec le même saisissement elle regardait la peau de celles qui se dépouillaient de leurs voiles. Elle essayait de trouver une correspondance entre la douceur de certaines épaules et le lin ou la soie qui les couvrait. Elle se plaisait à imaginer qu'avec le temps et l'usage, l'étoffe et la peau mises en contact, soumises aux mêmes mouvements, se transmettaient l'une à l'autre qualités et défauts. Cette femme au manteau déchiré à la taille portait sur la peau du ventre une longue marque voyante. Où la blessure s'était-elle déclarée ? Dans le tissu ? L'accroc avait-il précédé la cicatrice ou bien était-ce le contraire ?

Une autre, un peu plus loin, avait une peau d'une couleur que seule eût pu imaginer une teinturière cherchant à obtenir, avec un mélange d'herbes diverses, cette nuance de l'acier en fusion qui se laisse seulement entrevoir entre les parois d'un four incandescent. Quand Fatma dévoila son ventre elle pensa, non sans dérision, à de la peluche aplatie, et elle glissa ses doigts écartés entre les poils emmêlés afin de donner un peu de volume à sa toison noire.

Ses vêtements enlevés, son corps exposé à l'éclat du soleil intensifié et coloré par les vitraux du plafond, Fatma s'était sentie délicatement effleurée par ce qui caressait de la même manière toutes celles avec lesquelles elle entrait. Cette lumière l'unissait aux autres en la couvrant du même voile et mettait en fuite les anges embarrassants de la pudeur qui, à l'opposé de cette lumière, peuvent donner l'impression d'être privée de tout voile à la femme la plus caparaçonnée de vêtements. Vêtue de la couleur des vitraux, Fatma se mêla discrètement à la conversation des autres en se contentant de les regarder sous ces mêmes rayons de lumière, puis elle passa, bien après elles, dans la deuxième salle. Là, nul vitrail ne voilait plus les regards et la peau recouvrait sa couleur naturelle.

Les murs étaient couverts de mosaïques ornées de grecques et de motifs voluptueux qui reprenaient les plis les plus intimes des corps, en portaient les échos à l'infini, non plus en occultant leurs secrets mais en les dissociant et en les multipliant : ils confondaient les corps et leurs images, leur octroyaient un prolongement plus subtil que celui de leur ombre même. Fatma, en plongeant les ondulations de ses cheveux dans une fontaine, laissa son regard sonder les creux dessinés sur le mur ; ils étaient maintenant ses propres creux et toute sa peau mouillée capta les reflets qui, jusqu'alors, n'avaient brillé que sur les mosaïques.

Dans cette pièce, l'eau n'était pas très chaude. Dans les trois suivantes, la température s'élevait progressivement, jusqu'à la salle centrale au milieu de laquelle l'eau jaillissait bouillante d'une grande fontaine. Fatma passait doucement de l'une de ces températures à l'autre, sachant qu'elles conduisaient par degrés à la porte qui finalement s'ouvre sur une région de semi-songes similaires à ceux qui tous les jours, pendant de longues heures, la hantaient, à sa fenêtre.

En entrant dans la salle centrale, elle ne pouvait s'empêcher d'être impressionnée par l'immense fontaine dont les cataractes d'eau bouillante répandant leurs nuages de vapeur dans toute la pièce semblaient tomber du plafond, et qu'entourait un cercle de lions en pierre sur lesquels il fallait monter pour remplir les baquets. Leurs gueules versaient un liquide pareil au mercure qui parcourait dans des canaux serpentins toute la salle et reflétait dans sa course lente les corps nus, et de leurs anus s'échappait une épaisse vapeur parfumée et colorée.

Il se trouvait toujours quelques femmes pour jouer parmi les lions et offrir aux autres des spectacles lubriques sur les queues et les mufles de pierre, et d'autres pour se savonner les jambes, tranquillement assises sur l'échine des fauves. Quand l'eau bouillante coulait sur leur peau, il émanait d'elles des vapeurs qui, de loin et à contre-jour, ressemblaient à des flammes blanches.

Fatma entrait paupières mi-closes pour se laisser surprendre par la chevauchée des femmes flamboyantes sur des lions qui leur plongeaient le mufle entre les jambes. Démones de l'humidité lascive et délicate, elles promenaient leurs mains sur la pierre avec une douceur et une insistance telles qu'elles révélaient comment, peu auparavant, elles les avaient posées sur les cuisses, jamais aussi fermes, de leurs amants.

Tout autour, quelques femmes devisaient en se versant de l'eau sur le corps, d'autres se savonnaient mutuellement, et la plupart faisaient de leur voix une chute d'eau. Fatma entrait en regardant les ombres vaporeuses se mouvoir au rythme de la fontaine, s'exposer aux regards avec une exubérance d'azulejos, glisser les unes sur les autres avec cette assurance que semblent avoir les courants marins, dans lesquels elle venait maintenant se fondre.

Dans ce cercle fluide de femmes qui paraissaient portées par la vapeur dissimulant le sol, Fatma oubliait son corps de tous les jours pour apprécier les qualités nouvelles, les dons d'une nudité plus piquante. Elle était sortie d'elle-même, avec l'impression de se retrouver, en se relevant après avoir trébuché, à côté de son corps. Et ce léger décalage, qu'elle seule percevait, de toute évidence, était un jour étroit par lequel s'engouffraient des joies nouvelles. Dès lors que ses propres mains, à présent différentes, pouvaient aviver son ardeur au point de la forcer à fermer à demi les yeux, que n'allaient pouvoir obtenir, et avec combien plus d'intensité, un peu plus tard, ce matin-là, celles de Khadidja ?

Si de l'entrée du hammam à la salle de la grande fontaine il n'y avait qu'un seul parcours possible, où l'on avançait en s'adaptant à des différences subtiles, à partir de la salle du grand débordement, les portes en enfilade se multipliaient et l'on pouvait accéder à des jardins et à des bassins ensoleillés. On dit qu'il y a en tout vingt-cinq salles dans ce hammam, certaines étant réservées aux puissants et d'autres aux exclus : eunuques saignant encore, obèses honteux, agressifs incontrôlables, étrangers ; d'autres encore, à ceux qui ont des maladies de peau ou se refusent à vendre leurs caresses ou ne supportent pas l'eau et vont au hammam seulement pour côtoyer plus de monde.

Les cascades des fontaines chantaient sur vingt-cinq tons différents dans quatre jardins traversés d'un bout à l'autre par des miroirs d'eau, dont le plus admiré était celui qui ne se trouvait pas sur le sol mais le long d'un mur ; des architectes apprentis sorciers avaient réussi à faire tomber si lentement du plafond un immense voile d'eau presque immobile qu'on pouvait y voir son reflet plus nettement qu'à la surface d'un bassin. Sur les murs d'une salle étaient peintes des scènes qui enfiévraient l'imagination et le désir quand on les regardait ou quand on les touchait, parce qu'elle avaient été exécutées en relief pour retenir les idolâtres des ardeurs de la chair.

Dans une autre salle, les peintures ne se voulaient pas seulement appel mais initiation à ces ardeurs. Elles instruisaient les passants sur les mille manières de caresser le gland avec les lèvres, de suivre le contour du clitoris avec la langue, de sucer et de provoquer, de mordiller et de caresser successivement ou en même temps ; de tomber du lit et de se relever sans devoir se séparer ; de fustiger les rigidités entêtées et de chasser les mollesses prématurées ; de revenir boire aux puits à sec et d'assécher ceux qui giclent jusqu'aux genoux.

Il y avait des salles réservées aux massages, où le plus couramment pratiqué n'était pas spécialement excitant : un masseur corpulent nouait ses bras et ses jambes à ceux de sa victime, dos contre dos, puis, la tête en bas, se tendait comme un arc pour faire craquer les articulations de celui qu'il portait. Il tirait de chaque patient, un par un, trente-deux craquements, après chacun desquels il faisait avec la bouche un bruit pareil à celui d'une feuille de papier qu'on déchire ou d'un baiser sec. Ensuite, il lançait une formule dont on ne savait pas très bien s'il s'agissait d'une prière ou d'une malédiction et changeait légèrement de position pour obtenir le craquement suivant. Le matin, les masseuses étaient appréciées et recherchées non seulement pour la souplesse de leur musculature mais aussi pour la rondeur absolue de leurs corps. Elles étaient semblables à de grosses boules de chair qui en roulant eussent absorbé les corps délicats et soulagé leur ossature de la tension accumulée. Elles aussi cherchaient à faire émettre un son aux articulations, celui d'une clochette de verre qui tombe et roule sur un tapis.

Il y avait des salles réservées à la teinture des cheveux et des paumes avec une terre rougeâtre ou jaunâtre qu'on ne trouve qu'aux abords de la ville de Fez, elle s'appelle ghassoul et est dissoute dans de l'eau de rose ou de fleur d'oranger. On s'y peignait aussi les yeux, avec des amandes amères carbonisées pour noircir les paupières et avec du khôl pour souligner leurs bords. Fatma préférait se servir du khôl du hammam plutôt que de celui des marchands du port, parce que le premier était préparé par les femmes, chez elles, avec tous les soins que les commerçants négligeaient. Il fallait réunir du corail, de l'essence de girofle, des noyaux d'olives noires, un grain de poivre du Soudan et de petites pierres de khôl. Le plus important de tout, c'était que le mélange fût réduit en poudre par sept filles impubères ou par une femme « dont l'heure des humeurs bouillantes du corps était déjà passée », comme le recommande le *Livre des recettes et des conseils des femmes de Mogador.* Le mélange moulu doit être tamisé dans une toile serrée et la poudre fine ainsi obtenue dissoute dans de l'urine de chat, pour donner plus d'éclat au regard, et on l'applique à l'aide d'une paille très fine glissée entre les paupières.

Dans cette même salle, les femmes berbères étalaient tous leurs tatouages et les jeunes mariées leurs épilations, en veillant à ce que les épices plongées dans l'eau, les herbes aromatiques et le lait de chèvre ne modifient pas les marques douloureuses de leur peau. La beauté obtenue par une souffrance, même infime — mais toujours exhibée — est à Mogador une beauté plus achevée. L'exhibition de la chair meurtrie, de la douleur intense visible entre les maquillages, fleurit parmi les femmes de Mogador en complications infinies. Fatma connaissait bien cette floraison, mais ne pouvant arborer les tatouages profonds des autres, elle semblait lui être étrangère. Pourtant, la mélancolie aérienne qui, petit à petit, devait s'emparer d'elle après ce matin-là, allait devenir une manière spontanée d'étaler une douleur, de se parer de sa tristesse comme l'insecte qui le soir déploie ses ailes, simulant la feuille du bananier ou la fleur du prunier.

Ce matin-là, il était encore trop tôt pour que Fatma manifestât de grandes joies ou de grandes tristesses, et elle se laissait souligner les paupières de khôl par une Noire égyptienne appelée Safia. Celle-ci connaissait tous les secrets pour juguler d'un coup la fécondité, la stérilité, l'impuissance et autres calamités. Tout en s'occupant des yeux de Fatma, Safia donnait des conseils à une femme d'une quarantaine d'années, à la peau fatiguée, molle du ventre et de l'âme.

« Si tu veux garder ton mari, il va falloir que tu fasses tout ce que je te dis. Le matin, de très bonne heure, pendant qu'il dort encore, peu avant son réveil, répète trois fois à son oreille : "Que le ciel foudroie dans ta tête cet oubli, que le sol s'ébranle, te tire et te pousse très profondément en moi." Fais cela pendant huit jours d'affilée sans que ta voix le réveille ; et la première chose qu'il faut lui donner à manger le matin, c'est un morceau d'une datte que tu auras gardée en toi toute la nuit. Mais il ne doit se douter de rien. Au bout d'une semaine, tu verras son ardeur grandir. Pour qu'il ne la gaspille pas avec d'autres, tu devras voler le drap qu'une Noire et un Noir auront trempé de leur sueur pendant l'amour. Il faut le brûler au pied de ton lit. Mêler la cendre avec de l'eau de pluie sur laquelle personne n'aura marché et t'en enduire un peu chaque jour chacun de tes orifices. Si tu ne peux te procurer le drap mouillé par les deux Noirs, sers-toi de celui d'une prostituée. Mais pour que les cendres soient opérantes, dans les deux cas, le drap devra être volé. Ceux qui l'ont imprégné de leur sueur pendant la nuit ne devront se douter de rien ni avant ni après. Si quelqu'un d'autre apprend quand et comment tu as agi, le pouvoir de la conjuration se perdra. »

Fatma était impressionnée par l'allure soumise de la femme qui écoutait en hochant la tête impulsivement sans cesser de fermer une main et de se toucher la gorge de l'autre. Elle se l'imaginait entreprenant la longue tâche prescrite par Safia, mais la voyait s'interrompre, angoissée par quelque difficulté. Sur son visage se lisait le signe de la déroute, comme si elle avait la certitude qu'une impossibilité hantait son avenir.

Elle se l'imaginait aussi surmontant tous les obstacles et déçue de n'obtenir aucun résultat, se demandant pendant des années à quel moment, sur quel geste et sur quelle parole de l'envoûtement elle avait bien pu se tromper.

Fatma était épouvantée par le désespoir de cette femme qu'elle avait pourtant vue au marché harcelée par des prétendants accueillis avec dédain. À ce moment-là, Fatma pouvait encore s'offrir le luxe de penser qu'il est absurde de désirer à toute force l'amour lointain et de refuser d'un cœur léger l'amour proche.

Quand Safia se rendit compte que la tension gagnait Fatma au spectacle de cette femme désespérée, elle se hâta de lui faire les yeux, sans savoir pour qui elle l'apprêtait, et la libéra en lui donnant un baiser sur le front.

Fatma redoutait d'entrer dans certaines salles du hammam, mais, d'une certaine manière, elles la fascinaient aussi, et en passant elle s'arrêtait sur le seuil, pour y jeter un coup d'œil, indécise. Dans la salle des serpents, trente cobras parfaitement édentés et huilés à l'excès se glissaient entre des centaines de petits poufs de cuir et entre les corps nus de ceux qui, le matin et l'après-midi, jouissaient de leurs faveurs. Certains avaient leurs favoris, d'autres leurs serpents personnels : on ne les sortait de leurs paniers qu'en présence de leurs maîtres. Fatma rêva une fois qu'elle riait, mêlée à eux, de ce rire nerveux et aigu auquel elle avait entendu d'autres s'abandonner, en proie à cette sensation qui n'en finit pas de passer entre les jambes. Fatma n'avait jamais osé toucher les serpents, même si elle se sentait très fortement attirée par eux. Leurs regards insistants, et ces nœuds agressifs qu'ils desserrent seulement quand on leur souffle aux oreilles la fumée du haschisch, l'épouvantaient.

Mais si Fatma ne devait pas entrer dans cette salle, des caresses plus décidées que celles de dix serpents allaient laisser entre ses jambes leur sillage infini. Et un nœud coulant, dont elle ne soupçonnait pas encore l'existence, allait se refermer sur sa poitrine, lui couper le souffle, lui faire lancer de sa fenêtre de longs regards chargés de désirs ; semblables à ceux des marins qui languissent de revoir Mogador transformée en un reflet nu sous les eaux. Si le chœur des dragons sur la muraille avait pu percevoir les sons bien avant de les recevoir dans ses corps sifflants, il aurait alors hurlé — comme une horde de loups à la lune — pour prévenir Fatma. Khadidja approchait.

VIII. Faux crépuscule

Chaque mois, à midi, une très légère brume pourpre envahissait l'atmosphère de Mogador. On l'apercevait des terrasses comme un éclat rougeâtre se détachant étrangement des murs blancs. Tous l'appelaient « le faux crépuscule », et il ne durait pas plus d'un quart d'heure. Il s'évanouissait lentement comme il était venu, battant avec le pouls de la mer sur le sable. Quand il entrait dans la ville, il oignait toutes choses, les caressait presque sans les toucher, respirait avec elles le même air calme. Si bien que lorsqu'un amant se montrait par ses manières à la fois retenu et déterminé, on en faisait l'éloge en disant qu'il était « un faux crépuscule », « un nuage violet » ou « une vague de sang très diluée dans le vent ».

En entrant dans les maisons, la nuée rougeâtre surprenait les femmes au moment où elles ouvraient une porte, sentaient derrière elles une présence et se retournaient brusquement, tendaient leur main ouverte où courait déjà la brume, ou quand leurs propres lèvres leur paraissaient plus gonflées, nettement ombrées, presque mordues par le nuage et que le miroir dénonçait leur rougeur accrue.

Ce matin-là, Fatma était déjà passée par la salle des vapeurs et par la piscine aux températures différentes. En pénétrant dans l'un des jardins les plus tranquilles du hammam, elle sentit sur ses lèvres la touffeur agressive du « faux crépuscule ». Elle reconnut sur son visage la sensation qui dès son enfance l'avait distraite. Mais à présent, avec pour tout vêtement la vapeur des eaux thermales, elle sentait nettement dans les autres lèvres de son corps cette pression tiède et nébuleuse.

Elle voulut se défendre de ce contact inconnu en feignant l'indifférence. Mais plus elle s'avançait dans ce nuage de temps suspendu, plus exposée elle était à la caresse profonde que, naguère, sa peau impubère semblait déjà réclamer. Caresse qu'une sorte de démon ou d'ange du milieu du jour lui prodiguait avec la désinvolture et l'enthousiasme de qui accourt enfin à un rendez-vous depuis longtemps espéré.

Fatma faisait comme si elle n'écoutait pas la musique qui en elle commençait à se jouer. Ses cordes réclamaient déjà depuis un certain temps des mains pour les tempérer, mais elle essayait de faire en sorte que son oreille demeurât fidèle aux seules exigences venues de l'extérieur. Au loin, sur chaque minaret, à chaque apparition du nuage violet, retentissait l'appel en direction de La Mecque, prières de midi auxquelles succédaient les versets du Coran qui dépeignaient Mahomet triomphant, à cheval, l'épée au poing, de tous les démons revêtant l'apparence des nuages. Une autre religion de Mogador faisait sonner la fleur de bronze de ses clochers d'une manière particulière appelée angélus et nantie, bien entendu, de la vertu de chasser les démons qui sortent du néant lorsque la sphère invisible du jour se partage en deux. Comme on peut le lire dans les livres anciens de cette secte, quand les cloches carillonnent ainsi, un ange de lumière décapite une légion de démons dont le sang s'évapore et, dilué dans l'air, colore la ville en flottant au-dessus d'elle, pareil à un nuage. Aussitôt après, le même ange la purifie en projetant partout le soleil de midi reflété sur la lame de son épée.

Quand vient la brume rouge, une autre secte se met à casser des cailloux, animée par la certitude qu'il y a dans l'un d'entre eux un dessin à l'image du nuage en train de se dissiper. Il s'agit de pierres particulières, dans lesquelles se nichent des paysages ou des scènes audacieuses, telle ou telle bataille et bien des nuits étoilées. Les pratiquants sont persuadés que les idées des êtres humains peuvent être captées par certaines pierres et que les pensées les plus intenses des hommes — leurs désirs — prennent forme à l'intérieur des roches sacrées. Quelques interprètes des écritures ignées assurent que le passé et l'avenir des hommes peuvent être lus au cœur des pierres. D'autres adorent une sorte de roche qui grandit — si elle est convenablement nourrie de pensées humaines affectueuses — et disent que l'histoire entière de l'humanité est seulement un caprice conçu, au fil du temps, par une de ces pierres vivantes, la plus ancienne.

Aucune main n'a peint les scènes érotiques dont les murs en pierre de certaines salles du hammam sont couverts. On raconte que ces murs furent d'abord nus, avant d'absorber avec le temps les formes impudiques qui traversaient les esprits des familiers du hammam. D'autres encore croient plutôt que les murs mêmes désirent, que leur surface est une sorte de fresque où se peignent les ardeurs d'un être surnaturel — un dieu minéral, peut-être — vivant dans le hammam, surexcité par les corps livrés à l'eau.

Toutes les religions de Mogador pressentent dans son « faux crépuscule » une menace et multiplient rituels et prières pour protéger leurs fidèles. Au hammam, les femmes de la ville échappent momentanément au cercle des obligations d'une religion ou de l'autre, mais aussi à leur rituel protecteur. C'est pour cela qu'elles chantent ensemble quand le « faux crépuscule » les surprend dans le bain public. Puis elles chantent encore, séparément, les phases de la lune, le sort que leur tisse la nuit, les plus grandes marées du mois, le sang qui sourd dans l'intimité tous les trente jours, les caprices du corps naviguant au rythme rigoureux des saisons, la soumission nocturne de la raison à l'empire obscène des jalousies, la joie trouble d'une rencontre amoureuse inespérée hors du temps, l'imagination vorace et toujours équivoque du désir.

Fatma écoutait ce chant sans songer qu'il parlait aussi d'elle. Son nouveau destin de femme se profilait à peine, même si son univers d'enfant, abandonné depuis peu, était déjà lointain.

Feignant encore l'indifférence aux appels de sa chair, Fatma se glissa sans être entendue jusqu'à l'entrée de l'une des nombreuses terrasses surplombant le jardin, où deux femmes isolées du monde par l'intensité de leur abandon se regardaient sans se toucher.

L'une, assise nue sur un tapis moelleux, chanta avec douceur l'histoire d'un amour sarracénique trempé dans la violence d'une conquête et dans le sang versé pour punir un rapt. Sa voix montait, alternant avec les sons que ses doigts tiraient d'un délicat et très bel instrument couvert de cordes. L'autre, étendue sur de gros coussins, également nue, écoutait ce chant avec une attention d'amoureuse et le commentait avec douceur, de deux ou trois mots par-ci ou par-là, sans l'interrompre, presque en chantant, elle aussi.

Fatma ne tarda pas à comprendre que les deux femmes étaient amoureuses du même homme qui tantôt les dédaignait tantôt les prenait sans démonstrations de passion et avec un mépris manifeste, parlant sans vergogne d'autres maîtresses mieux loties. Mais Fatma remarqua aussi que cet amour commun non payé de retour et beaucoup plus grand que le vide de leurs désirs affilés les unissaient sur un plan supérieur, d'une manière étrange, voluptueuse et complice. Elles jouissaient l'une de l'autre au fond d'une nuit sans mémoire, comme si le même serpent invisible — mais la peau peuplée d'astres à la chute du jour — les liait, formant un pont vivant entre les labyrinthes de leur sexe et les nourrissant d'images d'une destinée commune tracée dans le ciel. Fatma ne pouvait se détacher de la musique discrète émanant des mouvements de ces femmes gouvernées par le même désir. Elle les vit s'embrasser et éprouva aussitôt une peur immense. Elle ferma les yeux et s'imagina abandonnée dans le salon aux serpents huilés ; deux ou trois montaient le long de ses jambes en spirales très lentes. Elle ouvrit les yeux et ne vit qu'une brume rousse, sentant encore et plus que jamais cette humidité crépusculaire lui mordre les lèvres. Elle ne savait plus ce qui était au-dedans d'elle et ce qui était au-dehors.

IX. Neuf pas

Une toile d'araignée mettrait neuf jours et
neuf nuits à tomber du ciel sur la terre.
Et il lui faudrait le même temps pour aller
de la terre à l'enfer.

HÉSIODE

On sait bien que celui qui parvient à descendre
les neuf degrés fondamentaux sans tomber
a dompté le silence de ses neuf sens.
Il a brisé les sceaux qui séparaient
le monde des neuf orifices
de son corps. Il s'est ouvert au monde.

IBN 'ARABI

Un

Les yeux grands ouverts, tendus à l'extrême dans sa volonté de ne pas ciller, Fatma marche entre les vapeurs du hammam. Une brume pourpre monte le long de ses cuisses. Quand elle la découvre, elle sent que cette vapeur colorée menace une fois encore de lui mordre les lèvres entre les jambes. Elle a peur de baisser les paupières, elle sait qu'au premier instant d'obscurité l'empire d'une chaleur vive, de cette sorte de soleil roux qu'à plusieurs reprises elle a cru abriter — mais jamais avec l'intensité d'à présent — va la forcer à se voir couverte de serpents, comme ces femmes entraperçues peu auparavant dans l'une des salles interdites du hammam. Elle s'imagine engagée dans une cérémonie secrète, marchant vers son propre sacrifice, prise au filet de longs corps se mouvant et se confondant avec elle. Ses mains sont déjà des têtes d'ophidiens aux gueules édentées qui regardent par leurs jointures et mordent du bout des doigts. Son vagin est le nid d'où surgissent ruisselants tous les rêves des serpents qui sur le versant de ses fesses dessinent des spirales quand ils oppriment suavement sa chair en glissant. Sur son dos moite se mire l'arc-enciel de leurs mille écailles et toute sa peau est fouettée par des centaines de minuscules langues bifides, incontrôlables. Les mamelons, comme de petites roches qui pointent et n'y peuvent plus tenir, lui font mal.

Deux

Fatma avait cillé ; elle ouvrit les yeux en un spasme. Elle porta les mains à sa poitrine, la couvrit d'une caresse légère ; la protégea, en fait, de l'image que, même à présent, les yeux ouverts, elle portait, palpitante, dans son esprit : mille langues minuscules la faisaient frémir, marcher en esquivant de petites convulsions secrètes et percevoir à chaque pas les battements de son sang affluant dans ses veines.

Tout geste de Fatma était pareil au premier mouvement d'une main invisible tendue pour toucher le corps qui, en rêve, l'attend depuis toujours. Faire un pas, c'était pour elle traverser une forêt ou un désert, mirage au front.

Trois

Couverte de ce vêtement rituel que nul ne pouvait voir, Fatma entrait et sortait des nuées épaisses entassées dans cette salle du hammam ; elle les fendait de l'éclat acéré de sa nudité. Son apparition entre deux courants de vapeur était celle d'un éclair silencieux.

Comme Fatma percevait avec la même intensité véhémente les corps nus de celles qui la croisaient, on eût pu, en regardant alors ses prunelles, voir en elles deux rondes divinités effrayées assistant depuis le ciel à une violente tempête d'éclairs. Tout ce qu'elle regardait semblait la toucher de l'intérieur en l'illuminant ; incendiant ses veines et évaporant son sang.

Quatre

Et ainsi elle avança sans savoir où ses pas la conduisaient, une fureur frisée au ventre, avec pour tout guide l'attraction qu'exerçaient sur elle les éclats, les sons, les odeurs et, surtout, cette étrange lumière qui émanait des plis les plus profonds de certaines femmes. Son regard cherchait cette lumière et se reposait en elle un instant, jusqu'à ce que, de nouveau, la vapeur lui cachât tout, comme si les yeux se fermaient sous des paupières lourdes de nuages. Elle était entrée dans une sorte de nuit blanche dont elle était un des fantômes : à peine un souffle brillant cherchant où s'incarner, s'inventant un corps dans lequel prendre forme. L'heure vint brusquement où la brume pourpre, le « faux crépuscule » qui une fois par mois, à la sixième heure, s'emparait de Mogador, quitta la ville. Fatma aurait bien aimé la suivre ou, plus exactement, s'en aller avec elle, se laisser emporter par son inertie toute de lenteur possessive. La brume était liée à un réveil de ses sens.

Cinq

Rendue à la blancheur des murs et des pans emmêlés de vapeur en suspension, Fatma pouvait se sentir en ce lieu au cœur d'une pierre, dont elle parcourait les veines comme de vivants couloirs, d'une tranquillité trompeuse, momentanée, figés au milieu d'un souffle. Fatma était au centre d'une nuit de pierre cristalline, nuit peuplée des rêves de la pierre : ses dessins secrets, ses destins tracés comme dans la paume d'une main. Sans le savoir, Fatma était déjà prisonnière d'une géométrie implacable : un point marqué par le destin, une ligne de l'arabesque universelle, dessin d'écume dans la mer du désir, marée muette possédée de la lune.

Six

L'eau tombait dans les vasques avec des forces et des rythmes mesurés, accordés pour donner une musique dont les sonorités se répercutaient sous les voûtes, dans les recoins et à travers les claires-voies comme si d'autres instruments les avaient reprises. Ce n'étaient pas des échos mais des voix nouvelles. La lumière aussi entrait dans les salles domptée, mesurée et reprise : on la traitait et l'interprétait comme l'eau. Là, même la lumière était musique. Eau et lumière s'entre-tissaient avec les voix posées des femmes, le chant de certaines d'entre elles, les lignes alanguies de leurs corps et la sueur de leur peau. Entre deux rideaux de vapeur emmêlés, Fatma perçut, comme un son inattendu, un dos sombre qu'elle n'avait encore jamais vu et dont les formes tendres captivaient de plus en plus son regard. Elle remarqua le dos et les épaules de Khadidja avant de découvrir — ou d'être découverte par — ses lèvres épaisses, avant de sentir, titubante, l'appel pressant de sa bouche. Fatma voulut baisser les yeux mais ne le put. Elle voulut les fermer mais il était trop tard, elle l'avait déjà gravée en elle.

Sept

Deux regards se croisèrent comme les arcs d'une voûte de longtemps dessinée. Mais leurs attitudes se conjuguèrent autrement : Fatma se logea dans une passivité réclamant satisfaction, semblable à celle des images qui, peintes au fond de coupelles, demandent à être découvertes et admirées, la dernière goutte bue. Khadidja vient à elle comme une chute d'eau élaborée mais impétueuse, une cascade en filigrane.

Huit

Quand elles retrouvèrent la perception du temps, les doigts pâles de Fatma et ceux, très sombres, de Khadidja avaient fait croître entre elles une forêt touffue de branches noires et blanches aux entrecroisements de calligraphie indéchiffrable. Elles s'étaient rencontrées dans le silence et s'aimèrent sans un mot : seuls parlaient le rayonnement et les sucs de leurs corps. Ils disaient ce qu'avec bien des mots on arrive à peine à exprimer. Sur une autre des terrasses, une femme chantait d'une voix très aiguë, douloureuse, une chanson ancienne d'Ibn Zaydūn : « Quand ton regard contemple ce qui ne se voit point et que tes mains se posent sur ce qui ne se peut toucher, tes yeux ne sont plus tes yeux et ton corps n'est plus le tien, pauvre possessive possédée. »

Neuf

Fatma voulut garder la saveur de ce silence dans sa mémoire, et ferma les yeux comme si elle eût pu ingérer ainsi, à jamais, la présence de Khadidja, et faire d'elle un de ces airs qui ne cessent de revenir seuls aux lèvres. Et elle devait découvrir très rapidement qu'elle avait bien fait de vouloir conserver ces instants, car si la mémoire est labile et fuyante, elle l'est peut-être moins que la peau et les sentiments : quand elle ouvrit les yeux, Khadidja n'était plus auprès d'elle. Fatma parcourut à plusieurs reprises le hammam en tous sens et en vain. Maintes et maintes fois elle retourna dans le coin où les coussins s'étaient imprégnés de l'odeur de Khadidja, jusqu'à ce que cette odeur même se fût diluée dans ses souvenirs.

Deux

LES NOMS

Là où le désir habite tout
l'air est à la fenêtre
ce que le filet est aux poissons.

FORMULE GRAVÉE
SUR UNE FENÊTRE DE MOGADOR
AU XIIe SIÈCLE.

Si les rêves n'étaient pas un réveil,
une certaine forme de réveil,
ils seraient toujours passé inaperçus.

MARÍA ZAMBRANO

I. La fenêtre : *Fatma*

Ce matin-là, Fatma rentra chez elle sans se douter qu'elle ne serait plus jamais effleurée, même du regard, par Khadidja. Jamais elle ne la revit au hammam, bien qu'elle traînât pendant des heures dans la salle où elles s'étaient rencontrées et allât assidûment sentir le parfum imprégné dans les tissus sur lesquels toutes deux avaient violé la surface apparente du temps.

Quand elle demandait après elle, les gens affirmaient ne pas la connaître ; certains avec indifférence ; d'autres comme s'ils cachaient une honte que Fatma ne parvenait pas à déchiffrer. Et courir les rues à sa recherche, c'était seulement souligner son absence. Elle ne put savoir pourquoi Khadidja la fuyait.

Son sentiment d'avoir été abandonnée était aussi vif que celui d'avoir été comblée ; celui d'avoir été injustement rejetée aussi grand que sa disponibilité envers Khadidja, et le mystère de sa solitude aussi surprenant que l'avait été son ravissement.

Ces sensations s'entrelaçaient en elle, pareilles aux fils d'un tissu très épais, et elle sentait, en même temps, que tout ce qu'elle contemplait de sa fenêtre appartenait à cette même trame serrée.

Les quelques rares heures passées avec Khadidja s'éloignaient dans le temps mais ne s'effaçaient point. Seule la joie de ces moments était devenue ténue au point de sembler dangereusement fragile. Sa légère mélancolie, à peine apparue, se déclarait par bouffées qui n'étaient pas exactement de la plus noire tristesse ; c'était plutôt une chape de tiédeur l'empêchant de s'enthousiasmer pour les petits riens de la vie de tous les jours, mais protégeant, d'autre part, les images vivantes du plus profond de ses enthousiasmes en les soustrayant à la vue des autres, en les emprisonnant pour elle. Dans ses songes, cette chape qui la couvrait prenait la forme d'un écoulement obscur, d'un fleuve de toiles détrempées dévalant sous son regard, et qui l'emportait, en toute tranquillité.

Ce n'était pas dans ses rêves qu'elle se laissait porter de tout son être par le plus prolongé des glissements, mais dans cette région intermédiaire où, ni tout à fait éveillée ni tout à fait endormie, elle sentait venir à elle avec une délicatesse plus subtile, renouvelés, enveloppants, les couleurs, les formes et les sons. Elle était au pays du demi-sommeil, où ce qui l'environnait, au lieu d'être simplement tranquille, conduisait vers ces profondeurs lointaines où il n'y a rien d'isolé, où tout se meut et s'émeut.

En de tels parages, elle côtoyait audacieusement l'impossible, rêvait éveillée. Rester ainsi les yeux entrouverts, c'était encore ce qui animait le plus sa nostalgie et lui permettait de s'en décharger le cœur léger sur toute chose, autour d'elle. Parce que dans son semi-rêve, même la plante familière de sa chambre était habitée par les mouvements de Khadidja.

Ses feuilles avaient la forme d'une goutte oblongue, celle des ongles, du bas-ventre de Khadidja, dont les yeux verts prêtaient à une comparaison trop évidente — que Fatma faisait quand même —, tout comme la position de certaines branches levées vers la fenêtre, pareilles à des bras ouverts. Mais, ne sachant avec quoi comparer les fleurs blanches et rouges, Fatma se contentait de les admirer, inquiète.

Ce qui, par-dessus tout, lui donnait le frisson, c'était la propriété manifeste de cette plante, vendue au marché sous le nom d'impatiente : ses tiges frêles et la surface de ses feuilles effilées s'orientaient vers la lumière avec une hâte et une flexibilité rares. Fatma voyait dans cette attirance excessive pour la fenêtre une analogie cruelle avec elle-même : ne regardait-elle pas ainsi jusqu'aux riens, alors que Khadidja ne devait sans doute pas la chercher partout de la sorte.

D'une certaine manière, cette consécration outrancière de la plante à l'air gorgé de lumière qui entrait par la fenêtre la faisait souffrir, et de temps à autre, dans un mouvement d'humeur, elle faisait tourner le pot en terre, dirigeant les feuilles vers l'ombre. De jour, en moins d'une heure, la plante entière avait une nouvelle fois tordu ses tiges vers la fenêtre en un effort qui, d'être si évident, faisait encore plus mal à Fatma.

Dans sa passion de tout imprégner de l'absence de Khadidja, elle déposait en tout sa présence, comblait un vide en se racontant Khadidja. Et elle faisait que tout participât à ce dialogue secret.

Seule lui résistait une plante, son impatiente, en démentant de ses mouvements empressés le rêve apaisant de Fatma. Ainsi, alors que les objets, autour d'elle, pouvaient lui parler de

Khadidja, son impatiente lui livrait seulement cette phrase qui, répétée à l'approche des réveils blessants, débordait les lèvres de Fatma :

« Ne rêve plus dans mon rêve que tu me rêves. »

Parfois, elle s'asseyait à la fenêtre un livre à la main, mais les lettres imprimées étaient des objets trop définis qui ne se laissaient pas facilement mener par ses absences. Il lui arrivait aussi de découvrir un texte qui, au moins par bribes, l'encourageait à contempler encore dans ses semi-rêves l'autre forme du monde ; mais les livres dont elle pouvait disposer n'étaient pas nombreux, et ses enthousiasmes pour un poème, une chanson ou un personnage, se refusaient à durer.

Un soir, emportée par une lecture qui demeura en elle une fois le livre refermé, elle se mit, dans sa fougue, à écrire à Khadidja une lettre interminable. Les phrases l'assaillaient comme des vagues. Elle voulait tout lui dire, certaine, à ce moment-là, que tout tenait sur la pointe infime de la plume.

Avec émoi, elle écrivait jusqu'aux pensées qu'elle n'avait encore jamais eues. Mais l'illusion que Khadidja pourrait lire ses lignes se retira aussi soudainement qu'elle était venue. Si elle cessa d'écrire, elle n'en continua pas moins de méditer de telles lettres. Elle eût voulu les confier au vent, les savoir remises à destination par le hasard, les coller aux murs dans les rues pour signaler à tous leur urgence afin que le bruit arrive aux oreilles de Khadidja. Elle eût aimé être guettée d'une fenêtre et pouvoir lire son nom écrit par une main inquiète.

Lorsqu'elle se regardait dans le miroir de sa chambre, son reflet lui semblait peu de chose, comme si le tain était défectueux et ne pouvait lui renvoyer l'essentiel de son image, celle de l'autre. Ses promenades étaient des retours incessants sur ses pas, défiant, par toutes les rues, la loi des rencontres occasionnelles. Plus la journée avançait plus elle était consciente du cocon qui l'enveloppait et plus elle avait du mal à continuer de tout observer. Mais aux abords du sommeil, quand elle cessait d'attendre, quand le fil de son regard se détendait, de la chaise vide à ses côtés, une main se tendait vers elle et lui arrachait sa quiétude.

Dans un de ces tourbillons qui ne se voient pas, sous ses yeux, tous les voiles de l'air se déchiraient les uns après les autres, et la main de Khadidja surgissait, levée pour la saisir.

De tous les mouvements auxquels le demi-sommeil de Fatma pouvait recourir pour ranimer la volupté de Khadidja, ce geste, celui de la main du désir se portant sur elle, était le seul à se présenter isolément, avec insistance ; il se coulait dans la pénombre des urgences de la chair et se précipitait en elle par la rainure de ses yeux à demi clos.

Pendant l'instant ainsi rappelé à la mémoire de Fatma, alors qu'elles étaient toutes deux étendues sur les coussins du hammam, Khadidja avait interrompu ses caresses, s'était soulevée en dardant sur Fatma un de ces regards fixes qui semblent presque se ficher entre les lèvres. Elle avait tendu le bras gauche en une sorte d'appel impérieux, un « viens à moi » péremptoire, pour la saisir par les épaules en l'embrassant de nouveau, mais avec, cette fois, des caresses profondes, prises de fureur, possessives, qui ne noyaient pourtant pas les minuties de la tendresse.

Et cette main la cherchait aussi dans la rue, ou quand elle était assise sur le quai face au soleil, ou encore quand elle attendait, au marché, que d'autres eussent payé leurs fruits. La main tenait le fil qui animait ses jambes et tressait ses parcours. C'était une main clairvoyante se tendant pour la toucher par-derrière lorsqu'elle s'asseyait, par-devant lorsqu'elle marchait ; de l'intérieur quand elle était à la fenêtre. Il lui arriva quelquefois de se laisser conduire vers d'autres corps par les feintes de la main.

Un adolescent de son âge, sous le couvert des arbres, la prit en toute hâte, la caressa avec maladresse et sans l'écouter. Une femme ressemblant à Khadidja l'enlaça sans s'encombrer de nuances, exigeant d'elle qu'elle adoptât, des doigts et des hanches, des manières d'homme.

Bien souvent, Fatma laissa ainsi ses désirs confondre les apparences et c'est pourquoi elle dut plus d'une fois s'enfuir au milieu d'une étreinte ou déjà nue, sans comprendre ses répugnances soudaines.

Alors, elle s'enfermait chez elle, face aux murailles de la ville s'opposant à l'insistance des vagues dont les coups de butoir répétés, la nuit, arrivaient jusqu'à ses oreilles ; et comme elle était au lit, c'était ce bruit qui ouvrait la porte de ses songes.

Fatma entrait dans la nuit comme on entame une activité occulte à un signal convenu. Elle paraissait dormir presque par obligation, et l'on eût dit que pendant son sommeil elle abattait toute une journée de travail monotone et fastidieux, ou encore qu'en dormant elle menait à bien toutes les activités dont sa mélancolie l'éloignait pendant le jour. Elle se couchait débordante d'énergie et se levait épuisée, la sueur au front, avec une allure de dépossédée. Il semblait que dans quelque recoin de ses rêves Fatma forgeait des objets mystérieux et s'en voyait privée au réveil. Se réveiller, pour elle, c'était être surprise les mains vides.

Aux premières approches du matin l'attendait sa grand-mère, toujours réveillée avant elle pour lui présenter les paroles et les sourires favorisant la descente aux nécessités du jour. Toutes deux vivaient dans la maison qui avait été celle des parents de Fatma, jusqu'au jour où ceux-ci s'étaient embarqués pour le continent en vue d'y régler des affaires irrésolues. Ils avaient quitté Mogador précipitamment, comme s'ils étaient en retard à un rendez-vous, et n'étaient jamais arrivés à bon port. On était resté sans nouvelles de leur bateau. De l'avis du plus grand nombre, il naviguait toujours dans des régions intermédiaires, sur des mers encore inconnues des géographes, guidé par des astres que même les astrologues taisent ou oublient.

Ceux qui observaient Fatma à sa fenêtre et connaissaient l'histoire de sa famille s'imaginaient que c'étaient ses parents qui la tenaient ainsi, à chercher du regard leurs présences dans le vent, et qu'un jour ou l'autre, elle aussi s'embarquerait pour voguer avec eux en dehors du temps.

Dans cette éventualité, il s'en trouvait beaucoup, à Mogador, pour refuser de monter avec Fatma dans le même bateau. Certains redoutaient de s'approcher d'elle quand elle marchait tout près de la mer. Il y eut des veuves fébriles qui, voyant Fatma considérer fixement l'horizon, se retournaient en s'efforçant de distinguer les cibles lointaines de son regard et affirmaient avoir vu ses parents l'appeler ; elles soutenaient aussi avoir vu une voilure gonflée par le souffle des revenants.

Mais Fatma ne connaissait même pas ses parents. Elle avait six mois quand ils étaient partis et tout ce qu'elle pouvait en savoir ou en retrouver lui venait des récits de sa grand-mère, laquelle ne manquait pas, en la réveillant, de lui raconter les conversations qu'elle avait soutenues avec eux pendant son sommeil. Aïcha comblait leur absence en se livrant sans réserve à ses sédiments nocturnes, ce qui lui permettait ensuite, pendant le jour, de vaquer à ses affaires avec l'impression d'être moins endeuillée, de porter un noir plus léger n'étouffant pas trop son entrain. Elle pouvait ainsi, au réveil, se permettre de sourire, ce que Fatma ne s'autorisait que de nuit, et dans son sommeil.

Aïcha s'adonnait à de longues conversations avec les morts. Chaque nuit l'un d'eux venait la trouver, arborant ce visage impeccable de la jeunesse que concède la nostalgie. Elle avait peuplé, pendant la nuit, le vide de ses jours de fantômes heureux, saisis dans des moments de joie si bien assise que, le matin venu, leur absence nouvelle et momentanée ne provoquait aucun déchirement.

Parfois, sa distraction et sa mémoire fuyante la faisaient s'entretenir avec des parents éloignés qui n'étaient pas morts. À ces moments-là, Fatma ne la détrompait point, se réjouissait plutôt de voir comment sa grand-mère peuplait, à sa fantaisie, son panthéon de sourires. Dans le fond, elle aussi voulait croire à ces visites et se disait que Khadidja pourrait bien venir lui mordre l'oreille, une de ces nuits.

Il y avait des moments pendant lesquels Fatma sentait sa mélancolie dépeuplée parce que les houles ne lui livraient pas facilement le visage de Khadidja. Les nuages lui suggéraient un sourire qui était parfois celui de Khadidja. Ses yeux se rivaient sur un rien, un creux que les vagues venaient recouvrir, en déferlant ; ils étaient à jamais liés aux ocelles vides des flots ondoyants poussés vers sa fenêtre par le souffle de l'air. Elle regardait.

Autour de sa fenêtre, Fatma devait tisser à la hâte les nappes du désir sur lesquelles sa vie était servie, mangée et répandue.

II. Les poissons : *Amjrus*

De la fenêtre de Fatma on apercevait cette partie du quai où les barques sont mises en cale sèche et leurs coques réparées. Entre les barques endommagées, dans un cercle de copeaux, se tenait tous les jours la criée aux poissons.

Les patrons des barques et les négociants y assistaient, pour acheter et vendre en gros ce qui serait ensuite proposé à la douzaine dans le souk. À l'ombre d'une coque récemment peinte, un homme obèse criait les offres des pêcheurs : le type de poisson, le poids et la mise à prix.

Chacune des jacasseries du gros et de ses acheteurs ne durait que quelques instants. On aurait dit une dispute de bègues dans laquelle tout le monde parlait en même temps. On appelait Amjrus le gueulard, et il était si gras que lorsqu'il s'asseyait sur un banc on avait l'impression qu'il l'escamotait, tant ses formes étaient enveloppantes. Après chaque vente le gros était inondé de sueur et s'épongeait le front avec un mouchoir rouge noué à son cou énorme.

Entre les doigts de la main gauche, il tenait les morceaux de papier que les pêcheurs lui remettaient, où la qualité des poissons proposés était notée avec fioritures. Il glissait chaque papier entre deux doigts et son poing volumineux semblait pourvu d'ailes dont il s'éventait. Quand il cessait de crier, il jetait les papiers trempés à terre ; sur certains, l'encre était délavée.

Pour la vente à la criée, il exigeait que les pêcheurs missent dans une caisse, bien présenté, un échantillon de leur poisson, après s'être assuré qu'ils n'avaient pas choisi les plus gros et les plus trompeurs. Il plaçait les pêcheurs comme il l'entendait, c'est-à-dire de sorte qu'ils ne pussent exposer les uns à côté des autres des poissons dont les couleurs juxtaposées l'écœuraient. Il détestait le vert quand il se combine au jaune.

Fatma aimait assister de loin à la parade des poissons mis en vente, formes et couleurs d'une dérive nouvelle de ses sensations. Mais les regards appuyés des hommes de la criée, et surtout celui d'Amjrus, qui semblait convertir son obésité en érection quand il l'apercevait, la tiraient de ce flottement. Dès lors, elle ne pouvait se laisser imprégner qu'incidemment par la splendeur colorée des poissons dans leurs caisses et détournait avec dédain le regard pour ne pas s'imaginer entre les mains de ceux qui se moquaient d'elle ou essayaient de la toucher quand elle passait près d'eux.

Amjrus l'épiait déjà depuis longtemps et voyait bien comment elle se laissait envahir par les larves de la mélancolie. Il avait même décelé en elle, au-delà de ses tristesses intermittentes, la tension avec laquelle son corps s'était peuplé d'exigences. Mais il se fourvoyait en croyant que les appels de la chair s'adressent aussi à ceux qui les surprennent.

Il voyait vibrer à chaque pas le corps de Fatma et s'empressait de l'imaginer ondulant sur lui, par-dessus son embonpoint. Il n'ignorait pas la répugnance que suscitait parmi les femmes sa masse volumineuse, et chaque fois qu'il serrait sa ceinture il semblait renflouer une vieille rancœur envers toutes celles qui avaient amenuisé son désir.

L'indifférence de Fatma l'empourprait de l'intérieur, l'irritait constamment et lui embrasait jusqu'aux parties les plus rêches de la peau.

Il préférait croire, quand Fatma regardait les poissons, qu'en fait c'était lui qu'elle venait voir, et dans son effort pour forcer leurs regards à se croiser, il plongeait lui aussi les yeux dans les caisses aux couleurs émaillées par l'eau s'égouttant des écailles.

En s'avançant entre les barques des pêcheurs pour contrôler le choix des échantillons, Amjrus aperçut Fatma à sa fenêtre et essaya de donner à ses mouvements les aspects qu'il croyait être, pour elle, les plus flatteurs. Il marchait en imprimant à ses gestes plus d'ampleur, sautait sur les passerelles avec une agilité jouée et s'adressait à tous avec les insignes de la puissance.

Une fois dans la cale des bateaux, il cessait de faire celui sur qui tous les regards sont braqués, mais n'en restait pas moins investi par des préoccupations faussées. Il en vint à présumer que bientôt, en descendant dans une cale, il trouverait Fatma nue, couchée sur les poissons. Son imagination avait l'épaisseur de ses bras.

Même les pêcheurs qui l'accompagnaient dans son inspection purent deviner la nature de ses obsessions bouffies en voyant Amjrus se précipiter sur deux poissons-boules qui, posés l'un à côté de l'autre, l'avaient fait penser, comme il le dit, à des fesses de tendron à peine plus rebondies que ses poings. Fébrile, il les mit dans un sac et poursuivit son inspection sans ajouter un mot.

Pendant la vente à la criée survenaient toujours des algarades, et Amjrus était supposé faciliter les marchandages, mais il accablait de tout son poids ceux qui ne lui versaient pas de pot-de-vin pour assurer le succès de leur affaire.

Depuis quelque temps, il se querellait avec un pêcheur qui avait un jour essayé d'agresser Fatma. L'homme ne pardonnait pas à Amjrus de s'être moqué de lui quand la petite l'avait menacé avec sa sandale. La vente terminée, lui et Amjrus allèrent se remplir de bière pour démêler un peu leurs ressentiments.

Amjrus essaya d'expliquer qu'il avait ri pour gagner la sympathie de la jeune fille et non pas pour souligner l'humiliation du pêcheur. Mais celui-ci n'en était pas tout à fait convaincu et se sentait encore obligé de se venger de l'un et de l'autre. Il ne retira ses menaces qu'après avoir insulté et giflé un quidam tout fringant et souriant, ami de tout le monde et de personne, qui était entré boire un verre. Amjrus et le pêcheur finirent par pousser en chœur la chansonnette, et, bras dessus bras dessous, parler de femmes comme ils parlaient de poissons au marché. Le nom de Fatma leur vint aux lèvres suivi d'une nuée d'adjectifs et d'exclamations passionnées, d'insultes et de menaces.

Après avoir lampé un de ses verres de bière, le gros Amjrus se leva brusquement pour aller aux toilettes, où il tira du sac les deux poissons-boules trouvés dans la cale du bateau. Il les pressa l'un contre l'autre puis glissa entre eux l'adipeux objet de ses masturbations courtes et violentes. Irrité par le contact des écailles, incapable de patience avec les prolongements de son corps, frustré, il serrait les dents comme s'il pouvait transmettre de la sorte la rigidité de sa bouche à la mollesse indifférente pendant entre ses jambes. Il jeta les poissons dans les toilettes, apparemment désireux de se défaire, avec eux, de l'exaspération engendrée par sa chair excitée mais insensible. Il retourna vers son compagnon, à une table pleine de verres vides, et en fit tomber deux ou trois quand il voulut y mettre les quelques pièces de son droit de sortie. Et ainsi, titubant, il quitta le local, décidé à remonter la rue menant vers la maison de Fatma.

En arrivant sous sa fenêtre, il se rendit compte que la jeune femme n'était pas là. Il était prêt à l'agresser, à lui cracher au visage toutes les obscénités possibles, à se mettre nu pour l'effrayer de toutes ses chairs débordantes. Et, les yeux levés, il commençait à désespérer quand il aperçut Fatma qui s'avançait, seule, en direction de la maison.

Il pensa aussitôt la violer. Il attendit qu'elle se soit rapprochée. Elle arrivait à sa hauteur. Elle s'éloignait déjà, ouvrait la porte de sa maison. Le bruit du portail refermé résonnant encore dans ses oreilles, l'obèse ravalait sa salive et se mordait la langue pour s'être attardé à remâcher ses doutes. Luttant farouchement contre sa démarche d'homme ivre, il se dirigea vers un coin discret du quai, de l'autre côté de l'embarcadère, où accostait tous les samedis, comme ce jour-là, le bateau aux falots rouges avec son marché de femmes. Amjrus ne le fréquentait pas sans dégoût, poussé, à chaque fois, par le besoin de confirmer son inappétence. Il était connu, dans cet endroit, mais n'était guère aimé. Il ne tolérait pas les plaisanteries sur l'avalanche de sa bedaine, dépensait peu en alcools, et laissait juste la somme convenue pour la nuit, pas un sou de plus. Mais il abondait en semonces et en dédains — et ce fut cela même que dut essuyer la femme qui cette fois l'avait subi, en le voyant se réveiller de mauvaise humeur, se lever laborieusement du lit pour sortir de la barque avant que la nuit s'en fût allée en emportant leurs anonymats.

Amjrus vit la femme, réveillée, l'observer en silence. Il se dit que c'était une moins que rien, qu'elle ne méritait peut-être même pas son argent. Si elle n'avait été une des favorites du patron du bateau, et si ce dernier n'avait été un ami, il serait parti sans payer. Après tout, il avait dormi tout le temps. Il sortait l'argent de sa poche quand la pensée de Fatma revint, un moment, le hanter ; il la compara à celle qui avait accepté sa compagnie. Envers la fille de la fenêtre, il éprouvait du ressentiment, et celle de la barque lui inspirait du mépris. Mais il plaçait l'une dans les nuages et l'autre dans la boue qu'il foulait.

À chaque billet qu'il comptait augmentait son mépris agressif pour celle qui l'observait. Il se sentait plus léger et bien supérieur à elle parce qu'il aspirait à couvrir de son corps une autre femme, ignorant tout de ce coin du quai.

L'obèse croyait, en briguant les faveurs de Fatma, pouvoir s'imprégner des qualités qu'il trouvait en elle. Et même en cela sa pensée se fourvoyait.

Jamais il n'aurait pu imaginer Fatma désirant une femme dont elle se sentait plus proche que de toute autre capable de retenir son attention dans la rue. Amjrus finit de compter l'argent et presque par inertie demanda à la fille brune comment elle s'appelait. Elle répondit : Khadidja. Il lui mit l'argent dans la main et sortit du bateau en regrettant qu'à ces heures le hammam ne fût pas encore ouvert aux hommes. Il faudrait attendre l'après-midi. Il éructait et se grattait la bedaine en descendant la passerelle.

III. Le filet : *Mohammed*

Quelques heures après qu'Amjrus fut sorti du cercle flottant des falots rouges, Mohammed quitta lui aussi le bateau. Le jour s'était levé et les halos de lumière rouge des falots se rétractaient pour se blottir dans leurs petites cages de verre miroitant. Les lanternes tintinnabulèrent quand Mohammed franchit la passerelle.

Ce Mohammed qui marche sur le quai n'est pas le Mohammed marchand d'étoffes ni le potier ni le chevrier ni le marchand de vin ni l'époux de sa tante ni aucun autre des nombreux Mohammed que l'on peut rencontrer à Mogador. Il est l'un des Mohammed pêcheurs, mais pas celui qui a voulu offenser Fatma dans la rue et s'est ensuite querellé avec Amjrus. Non, jamais notre Mohammed n'aurait osé un tel rapprochement avec Fatma en pleine rue. Quand il a désiré la connaître, après l'avoir vue à sa fenêtre, il en a parlé à sa mère, laquelle, par le truchement de sa voisine, liée à celle de la grand-mère de Fatma, a livré à ses regards la jeune fille dans le cercle familial des invitations obligatoires, derrière une table de gâteaux par-dessus lesquels Mohammed a alors pu établir entre elle et lui un pont des plus massifs.

En descendant la passerelle escorté par les tintements des falots, Mohammed se disait que l'heure était venue de s'installer dans sa propre maison et de prendre femme. Il était très incommode d'arriver du bordel chez sa mère et d'être accueilli par la tête des mauvais jours et les remontrances de celle qui savait sans coup férir où il était allé. Il se disait aussi qu'en revenant à l'aube de la barque rouge ou de la pêche, il serait sans doute plus agréable d'entrer dans un endroit apaisé par le sommeil d'une épouse qui l'attendrait sans mine longue ni emportements. Voyant la douceur des manières de Fatma, il envisagea, d'une manière toujours plus arrêtée, de la placer au centre de ses projets matrimoniaux.

Il aurait mieux aimé aller au hammam, mais les portes des bains ne seraient ouvertes aux hommes que dans quatre heures. En attendant, il se rendit dans la cuisine de sa mère pour prendre son petit déjeuner après avoir été sermonné. Il pensait consacrer ensuite une heure ou deux à la réparation de son matériel de pêche. Sa mère lui demanda s'il avait revu Fatma. Il ne voulait pas reconnaître que la jeune fille le fuyait, et préférait attribuer ses dérobades à la pudeur plutôt qu'à la défaveur. Il parla à sa mère du silence sempiternel de Fatma en insinuant que si elle se troublait en sa présence, cette altération muette était la manifestation timide d'un vif intérêt pour lui.

Sa mère abonda dans son sens, afin de mieux se persuader de la valeur inestimable que pouvaient revêtir, aux yeux d'une jeune femme, les propositions de son fils. Il lui ressemblait tant. Et il fonderait sans doute un foyer à l'image de ce qu'avait été le sien, avant son veuvage. Ce qui l'effrayait, dans la prédilection de son fils pour la femme rêvant à sa fenêtre, c'était la malédiction pesant sur elle depuis la disparition de ses parents.

Elle redoutait de voir un jour Fatma s'embarquer avec son fils pour cette contrée dont on ne connaît pas le chemin de retour. Celle où se trouvent les parents de Fatma, et où, croit-on, ils l'attendent et l'appellent. Mohammed la tranquillisa ; ce prétendu appel était sûrement un mensonge, et si Fatma était mélancolique, c'était parce qu'elle l'aimait en secret. Toutefois, il promit à sa mère de ne jamais monter avec la petite-fille d'Aïcha dans un bateau, par simple précaution.

Il sortit de chez de sa mère convaincu que le mieux serait encore de hâter les préparatifs de ses noces. Assurément, s'il savait s'y prendre, Fatma accepterait sans tarder de partager avec lui les quatre saisons. Il commença à faire de petites réparations sur sa barque, sûr et certain d'être bientôt ardemment désiré par Fatma, dont il interprétait les attitudes en fonction des deux ou trois phrases échangées avec elle, une après-midi. Il lui avait avoué son amour, à sa manière : « Comme j'aimerais voir tous les soirs tes chaussures rangées sous mon lit. » Quand l'autre pêcheur avait essayé de mettre la main sur elle, dans la rue, Fatma s'était sentie moins agressée.

Plus que la caresser, celui-ci voulait l'ancrer à lui, s'enrouler autour d'elle pour toujours. Mais sa réplique ne fut pas violente. Elle lui dit, le feu aux joues, qu'elle laisserait toujours les siennes dans son armoire et partit en courant. Mohammed voulut voir dans cette réponse un assentiment très timide et pondéré.

Assis sur le quai, il se mit à réparer tranquillement les filets décousus, tout en laissant se présenter à son esprit, au rythme de l'aiguille, les images de Fatma à sa fenêtre. Mohammed croyait toujours plus fermement que ce regard mélancolique le guettait, lui et lui seul. Son imagination de pêcheur le faisait lever l'ancre vers son avenir en remorquant tous les autres dans ses filets avec une sûreté de soi singulière. Parfois, regardant le soleil se coucher, il achevait de se convaincre que l'astre attendait sa révérence pour disparaître.

Maintenant, il recousait ses filets déchirés en se laissant porter par son désir calculateur. Il voyait sa mère, et Fatma, son épouse, attendant son retour avec les femmes vêtues de noir qui déferlent sur le port à l'heure où les pêcheurs reviennent. Il voyait Fatma tenant des enfants par la main. Il se voyait lui-même descendant d'une barque plus grande que la sienne.

Tandis qu'il badigeonnait et rebadigeonnait d'orangé les flancs usés de l'embarcation ayant jadis appartenu à son père, dans son regard se mêlaient, entre chaque couche de peinture, les couleurs et les formes qu'aurait sa nouvelle barque. Il calculait tout ce qu'il pourrait gagner de plus avec un plus grand bateau, certain de grandir d'autant dans l'estime des autres pêcheurs et de ses voisins. Même au bordel, on le traiterait mieux ; et sa femme, sous les traits de Fatma, serait considérée à Mogador avec respect ; elle serait l'épouse de Mohammed, celui de la grande barque de couleur orange.

Non loin de là, entre les rochers proches du quai, Fatma laissait flotter son imagination sur la mer. Elle la considérait avec sa tranquillité coutumière, assise à l'endroit qu'elle fréquentait aussi assidûment que sa fenêtre. Elle avait plongé ses pieds dans l'eau quand elle vit venir vers elle un morceau de bois sur lequel la peinture fraîche s'étalait comme des gouttes d'huile à la surface d'un bassin. Quand elle fit le rapprochement entre la couleur orange venant vers elle, portée par les flots, et Mohammed qui, un peu plus loin sur le quai, peignait sa barque de cette couleur, elle retira promptement ses jambes de l'eau, perturbée par une répugnance vive. Fatma sentait dans sa bouche la saveur amère de la peinture, sentait aussi les pensées de Mohammed la circonvenir. Elle s'enfuit chez elle, mais dut longer le quai où Amjrus, puis Mohammed, la virent passer. Fatma aperçut le gros et étala l'indifférence la plus obèse ; mais quand elle vit le pêcheur, de dégoût, elle se sentit pareille à une fine aiguille fichée dans la gadoue. Et ayant encore à l'esprit les prétentions de l'un et de l'autre, celle de Mohammed lui parut d'une obscénité intolérable. Peut-être parce qu'en elle résidait très probablement son avenir.

Quand Amjrus la vit passer, affichant son indifférence, il pensa retourner au bordel le soir même ; et puis, l'heure de se rendre au hammam approchait. Mais quand Mohammed la vit courir, il songea qu'elle ne tarderait pas à accepter d'être son épouse ; alors, elle courrait vers lui, pour lui apporter son repas, peut-être. En tendant aux pieds de Fatma les tapis du mariage, il la tirait, sans aucun doute, d'une situation inconfortable. Il préférait croire, comme d'autres avant lui, qu'inclure une femme dans ses projets, c'était la sauver d'un péril extrême ; ainsi, elle lui devrait la vie, jusqu'aux moindres recoins de sa vie, et pour toujours. De cette façon, Mohammed se persuadait que Fatma avait envers lui une dette d'importance, une de celles qui ne peuvent être payées.

En hâte, il cousait les filets pour courir au hammam. C'était l'heure où l'on ouvrait les portes des bains, et voyant Amjrus se diriger vers le centre de la ville une serviette à la main, il voulut le rattraper pour faire quelques pas avec lui. S'il arrivait à acheter une autre barque, mieux valait être en bons termes avec le fonctionnaire de la criée ; et connaissant l'éclat des yeux d'Amjrus à la vue de l'argent, il se dit qu'il ne serait pas difficile d'acheter ses faveurs. Comme il ne put ranger assez vite les pots de peinture et plier les filets, il décida de le retrouver au hammam, près de la grande fontaine d'eau chaude ou dans les jardins. Mais ce fut dans un couloir qu'il vit venir dans sa direction l'imposante silhouette, et il se hâta à sa rencontre. Amjrus connaissait les ambitions du pêcheur, savait que tôt ou tard il lui proposerait quelque marché, et en effet, deux minutes ne s'étaient pas écoulées qu'ils parlaient déjà de l'avenir, en chiffres.

Amjrus laissait Mohammed dévoiler l'envergure de ses projets ; plus le pêcheur parlait, plus le commerçant l'estimait à vil prix ; plus Mohammed lui peignait ses calculs audacieux et intéressés, plus ils semblaient à l'expert gonflés d'air et baveux. Il se retenait avec peine d'éclater de rire en pensant qu'un moment il avait pu prendre au sérieux les projets du pêcheur et espérer en tirer profit.

Amjrus commençait à se désintéresser de la conversation du pêcheur novice quand il vit clairement, tout à coup, comment il pourrait lui faire payer son initiation aux secrets des transactions du marché du poisson. Il lui en coûterait cent fois ce que vaut l'expérience de perdre ses illusions.

Le gros attendit en silence que le pêcheur eût ratissé tous les attraits de sa proposition avant de lui faire sentir qu'elle ne l'intéressait pas le moins du monde. Ainsi, il achevait de le mettre à sa merci, et Mohammed était désormais prêt à obtenir à tout prix la protection de l'obèse. Déjà il donnait plus qu'il ne l'avait prévu. Voyant que les gains possibles du pêcheur étaient plus plats que son ventre juvénile et musclé, l'intérêt du gros Amjrus passa des biens de Mohammed à ses chairs fermes. Il trouva aux hanches larges du pêcheur une certaine ressemblance avec celles de Fatma, et décida de l'entraîner vers les pièces aux tapis moelleux situées tout au fond du hammam.

Leur conversation se déroulait dans un couloir traversé par les vapeurs venues des différentes pièces et la lumière ainsi filtrée leur parvenait en grandes vagues plutôt qu'en rayons. Amjrus affûtait son regard sur les gouttelettes qui becquetaient le dos de Mohammed, et il ne put se retenir d'entourer de son large bras les épaules ruisselantes. Il enlaça Mohammed d'un geste faussement paternel, mais en lui faisant aussitôt entendre qu'en plus de l'argent, il devrait lui livrer son corps. Mohammed devait très rapidement perdre sa barque et tout son matériel de pêche.

D'un seul mouvement, ils se détachèrent du mur blanc où une arabesque d'azulejos révélait la géométrie de la destinée des hommes, les formules algébriques secrètes qui, sous la main d'Allah, régissent les rencontres réussies ou ratées de ceux qui vivent sous la lune.

Amjrus et Mohammed s'éloignaient, d'un pas apparemment amiable. Tandis que le pêcheur lui parlait d'affaires, pour lui fort sérieuses, sur le visage d'Amjrus se dessinait un sourire opaque qui s'étirait dans l'air, s'affinait jusqu'à se confondre, pour lui, avec la longue ligne lointaine de l'horizon.

IV. L'air : *Khadidja*

Celle qui, portée par le vent sur la nef aux falots rouges, traverse l'horizon, Khadidja, n'a laissé pour toute histoire que le sillage de ses absences réitérées. Elle allait de port en port avec la constance de la succession des jours. À Mogador, presque personne ne la connaissait, par-delà un commerce nocturne, et les rares individus auxquels elle avait pu parler de son passé l'oubliaient volontiers dans les passages menant du plaisir au sommeil. On connaissait Khadidja par les récits de ceux qui l'avaient parfois serrée de près, de trop près pour n'être pas les plus éloignés d'elle.

Il faut bien des bouches pour forger une légende, et chacun la complète selon son langage, la préserve ou l'oublie selon son appétit. Et il fallut un adolescent amoureux, insatiable, pour que l'histoire de Khadidja sorte pour la première fois entière de la barque, défiant la vigilance des falots dont l'éclat rouge colore tout, et aille courir la ville indiscrète de bouche en bouche.

Dans le silence de la nuit qui cède, laissant la lumière amenuiser son épaisseur, les paroles alertes modelées par les lèvres de Khadidja couraient dans l'air comme d'infimes dards. Chaque son chatoyait sur les sucs de sa bouche, absorbant le regard de son compagnon d'une nuit, qui, au petit matin, avait déjà gravi les degrés les plus hauts de l'hypnose, desquels on ne redescend pas facilement. Bien que le sommeil et la fatigue lui eussent bouché les oreilles d'une épaisse boule de néant, la voix de Khadidja dévidait ce silence de la nuit qui en se retirant l'enveloppait d'un long fil de soie, rattrapait ses inerties et l'engageait, sans échappatoire possible, dans cette fascination pour Khadidja pareille à un cocon invisible où les paroles résonnaient plus clairement que nulle part ailleurs. Elles s'inscrivaient presque dans l'air, tenaient presque dans la paume de la main et lui sautaient à la bouche.

Elle se rendait compte que son nouveau soupirant s'était cristallisé dans un de ces prismes qui multiplient les nuances, donnent à un oui ou un non plus de dimensions qu'ils n'en peuvent avoir. Il était immergé dans la brillante cage de verre ouverte par la femme qui à ce moment l'initiait aux profondeurs du sexe. Il ignorait que son initiation, comme toute autre, loin de lui faire perdre son innocence, lui en accordait une nouvelle. C'était l'innocent tombé amoureux du premier sourire ayant réjoui son corps. Elle parlait sachant qu'il l'écoutait d'une oreille plus disponible que d'autres, mais sans se laisser prendre à l'illusion que ce bonheur ne serait pas fugitif.

La tendresse découverte dans les yeux de celui qui la caressait délicatement la rendait heureuse, mais elle ne sentait nul fil de soie l'envelopper ni la voix de son compagnon tisser en elle sa toile. Khadidja lui contait son histoire sans feintes, pressentant qu'il n'accorderait bientôt plus la même valeur à ses paroles : la nouvelle soif éclose en lui allait le porter vers des sources où les premières gouttes qu'elle venait de lui verser se perdraient.

Ils avaient le même âge, seize ans, mais alors que Khadidja savait déjà où mènent les divers courants du vent, lui s'avisait à peine que son corps pouvait se mouvoir dans l'air.

L'histoire de Khadidja qui commença peu après à circuler sous les arcades de Mogador et à être racontée sur la place par les vieillards — ils savaient tout, et il se trouvait bien un passant pour leur donner chaque jour quelques sous et entendre le récit mimé des vieux conteurs — était la version d'un amoureux contrarié dissimulant sous une indifférence feinte un intérêt toujours plus vif.

Le jeune initié aux plaisirs et aux épreuves de la passion, après avoir tenu secrets les premiers élans de sa fascination orageuse, crut se libérer de leur ardeur en levant le voile. Ressentant la nécessité d'un éloignement étranger à ses désirs, il donnait ainsi à l'indiscrétion le pouvoir de forcer les distances.

Khadidja, pour sa part, ne lui avait pas révélé les couleurs de son passé par imprudence, mais parce qu'elle se souciait de moins en moins que ses secrets fussent connus hors de la barque aux falots rouges. Quatre ans auparavant, elle avait été vendue au patron de la barque et le souvenir des événements cuisants qui l'y avaient conduite commençait à s'estomper. Quand elle vit, aux premières lueurs du jours, le profil à son côté commencer à se différencier de l'obscurité de sa chambre, elle se laissa gagner par une confusion agréable : le léger enthousiasme de sentir en elle, ravivée, l'allégresse apportée par d'autres petits matins.

Voir comment les objets se détachaient les uns des autres, tandis que venait la lumière intense et sa propagation de différences légères, la troublait depuis longtemps. Une aube entre toutes soutenait les réminiscences des autres aurores : celle où, pour la première fois, aux côtés de son père, elle avait vu tomber la pluie dans l'oasis de Zagora, il y avait un peu plus de quatre ans.

Son père guidait la tribu des nomades Tassali dans leurs traversées du désert. Poussé par une sécheresse si grande qu'elle épuisa toute vie dans les oasis où ils faisaient halte chaque année, il les avait conduits cette fois bien au-delà des parcours habituels. Zagora se trouvait très au nord de leurs routes, aux confins du désert. Et pendant ces jours-là, une pluie de trois heures surprit tout le monde à Zagora, où il n'avait pas plu depuis quinze ans.

Cinq ou six groupes de nomades se précipitèrent vers un endroit où le sable s'était couvert d'une végétation aux feuilles hautes et fines, flottant, indécises, dans le vent, et dont le mouvement avait cette même incertitude que tous, à Zagora, manifestaient en découvrant leur paysage subitement transformé. Le lendemain, ils découvrirent aussi plus de cent chèvres apportées par les nomades, en train de dévorer les plantes et les fleurs que le soleil n'avait pas encore achevé de consumer. La vengeance ne se fit pas attendre.

Les gens des villages et des villes se défient toujours des nomades : ils vont et viennent sans se soucier des usages des habitants de la région. Ils n'ont pas de temple. Ils sont considérés comme hérétiques ou malfaiteurs, et tolérés seulement quand ils servent les villes en conduisant les caravanes à travers le désert, ou en se livrant dans leurs murs au commerce des armes, des chèvres ou des étoffes.

À Zagora les jours de pluie faisaient la joie de bien de gens, mais surtout du toubib, le plus vieil homme de la ville, qui tous les jours va sur la montagne avant le lever du soleil, s'assoit sur une roche où s'est lustré au fil des ans le dos de sa djellaba, et porte son regard sur tout ce qui s'offre à sa vue.

C'est là son devoir quotidien, dont l'importance ne fait aucun doute, à ses yeux, ce dont chacun, à Zagora, semble également convaincu. Son premier travail consiste à porter son regard sur un point de l'obscurité connu de lui seul, à partir duquel il se met à invoquer, par des prières, la luminosité qui lui permettra de séparer le jour de la nuit et le ciel de la terre.

Dans le village tous savent que le toubib est dans la montage quand se lève le jour, et qu'en hiver sa tâche est la plus difficile : vieux et fatigué comme il est, il ne peut éviter qu'à la saison froide les jours soient plus courts. D'aucuns se plaignent de lui et disent que quand le toubib était jeune, les jours étaient plus lumineux et les couleurs plus vives. Car le devoir du toubib n'est pas tant d'apporter la lumière que de donner couleur à toute chose.

Il commence sa journée quand tout est noir, même le bout de son nez, et peu à peu découpe le contour de toutes les formes qu'il connaît. « Le plus difficile, dit-il, ce sont les silhouettes des gens, parce qu'il faut avoir, pour cela, une excellente mémoire : les habitants du village ne seraient pas contents si leurs visages n'étaient pas semblables à ceux de la veille. » Après avoir découpé les palmeraies de la vallée, détaché les maisons des montagnes et donné aux passants matinaux leurs profils, il évoque intensément les couleurs de tout ce qu'il a séparé. Au début, tout est très gris ; mais ensuite, l'énergie du toubib donne aux couleurs une intensité telle que, par simple inertie, chaque forme achève de se colorer seule.

Il est normal que les plus proches aient des couleurs plus soutenues ; les pouvoirs du toubib s'affaiblissent avec la distance : des montagnes lointaines, on ne sait pas vraiment si elles sont bleues ou noires. L'important, à Zagora, c'est que le toubib aille sur la montagne, car son absence laisserait la ville blanche et ses habitants sans contours.

On se souvient comme de « la panique blanche » de la terrible peur qui plana sur Zagora pendant toute la journée ensoleillée où le toubib ne redescendit pas de la montagne après son travail. On partit à sa recherche, et on trouva son corps, teint de rouge, traversé par une dague qu'aucun habitant de la ville ne reconnut.

Quand se répandit la nouvelle de sa mort, la première chose qui vint à l'esprit de la population fut que le lendemain commencerait une autre vie, où tous seraient blancs ou noirs, confondus avec le sable et les choses. Les gens ne savaient même pas s'ils auraient encore une existence. Certains préférèrent en finir sans plus tarder, se précipitèrent dans un puits ou se coupèrent les veines. D'autres encore rendirent l'âme au spectacle des premières morts et la terreur grandit parmi les survivants.

En suivant les traces de sang, ils découvrirent que la dague appartenait aux nomades Tassali, la tribu de Khadidja. Convaincus que la malédiction pesant à Zagora sur le jour à venir serait lavée s'ils sacrifiaient tous les hommes de cette tribu, ils prièrent, avant le massacre, débordants de zèle et de foi, puis s'emparèrent d'eux et les égorgèrent jusqu'au dernier. Les femmes furent violées et vendues aux marchands d'esclaves et aux patrons des bordels flottants.

Avant la mort du toubib, les nomades avaient passé plus de deux semaines à Zagora. Depuis cinq jours, les bienfaits de la pluie ayant cessé, ils essayaient de lever le camp, mais chaque matin un nouveau contretemps — chèvres perdues, accident, intempérie, mauvais augure — les en empêchait. Le guide des Tassali s'inquiétait de voir ces difficultés se prolonger ; or, en passant devant le temple de Zagora, il entendit parler des œuvres du toubib dans la montagne.

Quand, au matin du cinquième jour, il dut une fois encore ajourner le départ, le père de Khadidja n'en douta plus : le toubib s'entêtait à découper chaque matin au même endroit les contours des tentes de sa tribu, devenue de la sorte la prisonnière du regard de cet homme. Il pensa libérer les siens en baignant dans le sang les yeux du toubib, comme on le fait avec les chèvres qui égarent le troupeau.

C'est ainsi qu'un vieillard, sur la place de Mogador, racontait ce qui un jour avait été le passé de Khadidja, les incidents violents l'ayant conduite à la barque aux falots rouges, pour laquelle elle fut achetée afin d'y être vendue chaque nuit. Nombreux étaient ceux qui venaient entendre le vieil *halaiquí* abonder en détails et exagérer les faits. À chaque personnage il donna des noms courants à Mogador et cette histoire ainsi tournée lui apporta plus d'argent que les autres.

Même Fatma, passant par là, lui jeta quelques pièces. Elle écouta l'histoire non sans frayeur et, bien entendu, sans faire le moindre rapprochement avec la femme rencontrée au hammam. Elle accueillait cette histoire comme celles qu'elle avait déjà pu entendre sur la place, et elle lui semblait tout aussi étrangère. Mais en s'éloignant, elle sentit une sorte de chatouillis de la mémoire, eut l'impression d'être sur le point de se souvenir d'elle ne savait quoi, d'avoir un mot sur le bout de la langue. Quelque chose, dans cette histoire, éveillait son attention d'une manière particulière.

Fatma n'entendait plus la voix du conteur, mais les personnages et les événements évoqués par les expressions du vieil homme la hantaient encore, acquéraient une vie indépendante, sur laquelle sa conscience perdait tout contrôle. Elle songeait qu'elle n'avait jamais vu la pluie dans le désert ; contempler cette étrangeté devait valoir la peine ; comme elle, la femme de l'histoire avait perdu son père ; mais elle, au moins, l'avait connu. Cette histoire, elle ne savait comment, la plongeait un peu plus profondément dans la tristesse ; elle s'accordait pourtant une consolation en se disant que, par bonheur, personne, parmi ceux qu'elle pratiquait et chérissait, n'avait connu un sort pareil à celui de cette femme nomade, privée de tous les siens et vendue dans un bordel flottant.

Et quand elle eut cessé d'entendre la voix du vieil homme sur la place, elle crut retrouver enfin le souvenir de ce qui semblait frapper avec tant d'indécision à la porte de sa mémoire ; c'était tout simplement celui d'une sensation ; un peu celle de poursuivre en silence et pour soi une conversation à peine achevée. Maintes fois, en lisant les dernières pages d'un livre, il lui était arrivé d'être encore intriguée par le sort des personnages, même s'ils étaient morts dans le roman. L'intrigue ou la peinture d'un caractère, une scène ou une image suscitaient en elle ces retours constants sur ce qui était déjà du passé.

La même chose se produisait à présent, pensa-t-elle, avec l'histoire de la femme nomade, qui lui revenait à l'esprit avec ses autres obsessions quotidiennes. Ce fut ainsi que, dans sa pensée même, l'image désirée de Khadidja frôla celle de la nomade vendue à Zagora. Par une coïncidence tellement insigne qu'elle échappa à Fatma, en son corps se rencontrèrent un instant deux histoires différentes n'en faisant en réalité qu'une seule, et si son esprit avait pu les accueillir ainsi, ensemble, elles lui eussent livré la clef tant désirée, pour se rapprocher des gestes paisibles de Khadidja. Mais l'air lui arracha aussi l'idée aventureuse de cette coïncidence. Elle avait entendu le vol de l'oiseau qu'elle cherchait mais n'avait pas su le reconnaître.

Fatma rentrait chez elle alors que l'après-midi s'achevait à Mogador. Elle voyait bien, quand les gens remettaient leur fatigue à l'étirement renouvelé des ombres, que même sur les traits des visages les plus durs semblait s'étendre une paix profonde. Elle songea que les habitants de Mogador entraient, en cette heure alanguie, dans une sorte de deuxième vie en tous points semblable à celle qu'acquéraient dans son esprit les personnages des histoires déjà terminées.

Elle-même va entrer dans ce silence tandis qu'elle franchit avec le soir le seuil de sa maison.

CET OUVRAGE A ÉTÉ REPRODUIT
ET ACHEVÉ D'IMPRIMER SUR ROTO-PAGE
PAR L'IMPRIMERIE FLOCH À MAYENNE
EN MARS 1998

Éditions du Rocher
28, rue Comte-Félix-Gastaldi
Monaco

Dépôt légal : décembre 1997.
N° d'édition : CNE section commerce et industrie
Monaco : 19023.
N° d'impression : 43345.

Imprimé en France